Ontwaak, Israel!

*"Die son sal donker word,
die maan bloedrooi
en dan sal die groot,
die vreeslike dag van die Here kom.
Elkeen wat die Naam van die Here
aanroep, sal gered word.
Op Sionsberg en in Jerusalem
sal daar uitkoms wees.
So het die Here beloof.
Dié wat deur die Here geroep is,
is by dié wat gered is."*

(Joël 2:31-32)

Ontwaak, Israel!

Dr. Jaerock Lee

Ontwaak, Israel! deur Dr. Jaerock Lee
Gepubliseer deur Urim Boeke
(Verteenwoordiger: Johnny. H. Kim)
73, Yeouidaebang-ro 22-gil, Dongjak-gu, Seoul, Korea
www.urimbooks.com

Alle regte voorbehou. Hierdie boek of dele daarvan mag nie gereproduseer, in 'n datasentrum geberg of vermenigvuldig word, in enige vorm of deur enige medium – elektronies, meganies, fotografies of enige ander vorm van opname – sonder die voorafgaande skriftelike toestemming van die uitgewer nie.

Alle Teksverwysings is geneem vanuit Die Bybel, Nuwe Vertaling (met herformulerings) 1975, 1979, 1983, 1986 deur die Bybelgenootskap van Suid-Afrika.

Kopiereg 2015 deur Dr. Jaerock Lee
ISBN: 979-11-263-1245-0 03230
Vertaling kopiereg 2008 deur Dr. Esther K. Chung. Gebruik met toestemming.

Voorheen in Koreaans deur Urim Boeke, Seoul, Korea in 2007 gepubliseer.

Eerste Publikasie: Februarie 2008
Tweede Publikasie: Augustus 2011
Derde Publikasie: Februarie 2015

Geredigeer deur Dr. Geumsun Vin
Ontwerp deur die Redaksionele Buro van Urim Boeke
Vir meer inligting kontak asseblief: urimbook@hotmail.com

Inleiding

Teen die aanbreek van die 20ste eeu, het 'n merkwaardige reeks van gebeurtenisse plaasgevind, in die onvrugbare land van Palestina, waar niemand in daardie tyd die begeerte gehad het, om te woon nie. Die Jode wie regoor Oos Europa, Rusland en die res van die aardbol versprei was, het begin saambondel na 'n land wat wemel van distels, armoede, hongersnood, siektes en foltering.

Ten spyte van 'n hoë noodlottigheid syfer as gevolg van malaria en hongersnood, het die Jode nie daarin gefaal om hulle hoë geloofsvlak en ambisie te behou, maar voortgegaan om 'n kibboets te bou ('n gemeenskapsplaas in Israel, byvoorbeeld 'n plaas of fabriek, waar die werkers saam woon, die pligte en inkomste verdeel). Net soos wat Theodor Herzl, die stigter van die moderne Sionisme, geredeneer het, "Indien jy dit wil, is dit nie 'n droom," die herstelling van Israel het 'n werklikheid geword.

In alle billikheid, die herstelling van Israel was gereken as 'n onmoontlike droom om te bereik, en niemand was gewillig om in dit te glo nie. Die Jode, egter, het daardie droom verwesenlik en met die geboorte van die staat van Israel, het hulle wonderbaarlik weer 'n nasie van hulle eie vir die eerste keer, in ongeveer 1,900 jaar teruggekry.

Die mense van Israel, het ten spyte van eeue-lange vervolging en foltering, terwyl hulle in vreemde lande versprei was, aan hulle geloof, kultuur en taal vasgehou en voortdurend verbeterings daaraan gemaak. Na die stigting van die moderne staat van Israel, het hulle die dorre gronde ontwikkel en baie klem gelê, op die ontwikkeling van 'n verskeidenheid industrië wat hulle nasie toelaat, om by die geledere van die ontwikkelde lande te kan aansluit, om merkwaardige mense te wees, wie te midde van konstante uitdagings en bedreigings, wat hulle weerstaan het, voorspoedig kon wees, volgens hulle oorlewingstryd as 'n nasie.

Na die stigting van Manmin Sentrale Kerk in 1982, het God aan my deur die inspirasie van die Heilige Gees 'n groot deel van Israel openbaar, omdat die onafhanklikheid van Israel 'n teken van die laaste dae en die vervulling van die Bybelse voorspellings is.

Hoor die woord van die Here, nasies, vertel dit aan die verste eilande! Julle moet sê: "Hy wat vir Israel verstrooi het, sal hom bymekaarmaak. Die Here sal hom oppas soos 'n wagter sy trop skape oppas" (Jeremia 31:10).

God het die mense van Israel uitgekies, sodat Hy Sy voorsiening kon openbaar, deur hulle wie Hy geskep en die mens ontwikkel het. Eerstens, het God vir Abraham, die "vader van geloof," gemaak en vir Jakob, die kleinseun van Abraham, as die stigter van Israel gevestig. God het Sy wil aan Jakob se afstammelinge bekend gemaak, en die voorsiening van die mensdom se ontwikkeling tot stand gebring.

Toe Israel in God se Woord geglo het, en ooreenkomstig Sy wil in gehoorsaamheid gelewe het, het hulle groot glorie en eer bo alle nasies geniet. Toe hulle hulself van God gedistansieer het en ongehoorsaam teenoor Hom was, was Israel blootgestel aan 'n verskeidenheid van folterings, insluitend buitelandse invalle en sy mense was gedwing, om as swerwers in alle uithoeke van die aarde te woon.

Selfs toe Israel groot probleme in die gesig gestaar het, as gevolg van hulle sondes, het God hulle egter nooit verlaat of van hulle vergeet nie. Israel was altyd verbonde aan God, deur Sy verbond met Abraham, en God het nooit opgehou om vir hulle te werk nie.

Onder God se buitengewone sorg en leiding, was Israel as nasie altyd bewaar, om onafhanklikheid te verkry, en weereens 'n nasie bo alle nasie te word. Hoe kon die mense van Israel bewaar word en waarom was Israel herstel?

Baie mense sê, "Die oorlewing van die Joodse nasie is 'n wonderwerk." Die soorte en omvang van vervolging en onderdrukking wat die Joodse bevolking verduur het, gedurende die Diaspora (Verstrooiing) oorskry enige beskrywing en voorstelling, en die geskiedenis van Israel alleen, betuig die Bybel se betroubaarheid.

Nogtans, selfs 'n groter mate van ellende en angs, as van wat die Jode ervaar het, sal na Jesus Christus se Wederkoms plaasvind. Natuurlik, mense wie Jesus as hulle Saligmaker aangeneem het, sal in die lug opgeneem word en aan die Bruiloffees saam met die Here deelneem. Hulle wie nie Jesus as hulle Saligmaker aangeneem het, sal dan egter nie met Sy Wederkoms in die lug opgeneem word, en sal die Groot Beproewing vir sewe jaar verduur.

"Die dag kom en hy brand soos 'n oond. Dié wat teen God in opstand is, almal wat verkeerd doen, sal die kaf wees, en hulle sal verbrand word deur die dag wat kom, sê die Here die Almagtige. Daar sal van hulle nie 'n wortel, nie 'n tak oorbly nie" (Maleagi 4:1).

God het alreeds aan my breedvoerig die rampe geopenbaar, wat gedurende die Sewe-jaar Groot Beproewing gaan ontvou.

Vir daardie rede, is dit my ernstige begeerte dat die mense van Israel wie God se uitverkorenes is, sonder enige verdere vertraging Jesus, wie ongeveer twee duisend jaar gelede op die aarde geloop het, as hulle Saligmaker moet aanvaar, sodat nie een van hulle agtergelaat word, om tydens die Groot Beproewing te ly nie.

Deur God se genade, het ek 'n werkstuk geskryf en opgedra, wat antwoorde voorsien aan die Joodse duisendjaar-lange dors na die Messias, en na eeu-lang vrae wat voortdurend geopper word.

Mag elke leser van hierdie boek God se desperate boodskap van liefde ter harte neem, en kom om die Messias, wie God vir die mensdom gestuur het, sonder enige verdere oponthoud te ontmoet!

Ek is vir elkeen van julle met my hele hart lief.

November 2007
Te Getsemane Gebedshuis
Jaerock Lee

Voorwoord

Ek gee alle dank en glorie aan God vir ons leiding en seëning, om Ontwaak, Israel! in die laaste dae te publiseer. Hierdie werkstuk is gepubliseer in ooreenstemming met God se wil, wie daarna soek om Israel te laat ontwaak en te red. Dit is deur God se onmeetbare liefde georganiseer wie wens om nie een siel te verloor nie.

Hoofstuk 1, "Israel: God se Uitverkorenes," ondersoek die redes vir God se skepping en ontwikkeling van die hele mensdom op die aarde, asook Sy Voorsiening, waardeur Hy die mense van Israel in die geskiedenis van die mensdom, as Sy uitverkorenes verkies en regeer het. Die hoofstuk stel ook Israel se voorvaders en ons Here voor, wie in hierdie wêreld gekom het, ooreenkomstig tot die voorspelling wat gemaak was van die Verlosser van alle mense, vanaf die huis van Dawid.

Met die ondersoek van die Bybelse voorspellings oor die

Messias, Hoofstul 2, "Die Messias deur God Gestuur," getuig dat Jesus is die Messias na wie se koms Israel steeds ernstig uitsien en hoe, ooreenkomstig tot die wet van die land se bevryding, Hy aan alle kwalifikasies as die Verlosser van die mensdom voldoen. Verder, die tweede hoofstuk ondersoek hoe Ou Testamentiese voorspellings oor die Messias deur Jesus vervul is, en die verwantskap tussen die geskiedenis van Israel en Jesus se dood.

Die derde hoofstuk, "Die God in Wie Israel Glo," neem 'n naby siening van Israel se mense, wie die wet en sy tradisies streng gehoorsaam, en aan hulle verduidelik wat God verheerlik. Ter byvoeging, met herinnering aan hulle dat hulle hulleself van God se wil verwyder het, as gevolg van die ouderlinge se tadisies wat hulle voortgebring het, vermaan die hoofstuk hulle om die wil van God te begryp, omdat Hy in die eerste plek vir hulle die wet gegee het, en om dit met liefde te vervul.

Ondersoek in die finale hoofstuk "Waak en Luister!" is ons tyd, waarin Die Bybel dit as "die eindtyd" voorspel het, asook die dreigende verskyning van die antichris en die oorsig van die Sewe-jaar Groot Beproewing. Bowendien, in die getuienis van die twee geheime van God, wat vir Sy oneindige liefde vir Sy uitverkorenes voorberei is, sodat die mense van Israel die saligheid mag bereik, teen die laaste oomblikke van die mensdom se ontwikkeling, smeek die laaste hoofstuk die mense van Israel om nie die laaste geleentheid van saligheid te versaak nie.

Toe die eerste mens, Adam, die sonde van ongehoorsaamheid gepleeg het, en uit die Tuin van Eden uitgedrywe was, het God hom in die land Israel laat woon. Sedert dié tyd, gedurende die geskiedenis van die mensdom, het God vir miljoene jare gewag en wag nog steeds vandag in die hoop, om ware kinders te verkry.

Daar is nie meer tyd om uit te stel of te vermors nie. Mag elkeen van julle tot die besef kom, dat ons tyd inderdaad die laaste dae is, en onsself voorberei om ons Here, wie as die Koning van konings en die Here van alle heersers sal terugkeer, te ontvang. In Sy naam bid ek dit ernstig.

November 2007
Geumsun Vin,
Hoofredakteur

Inhoudsopgawe

Inleiding
Voorwoord

Hoofstuk 1
Israel: God se Uitverkorenes

Aanvang van die Mensdom se Ontwikkeling _ 3
Groot Voorvaders _ 17
Mense Wie van Jesus Christus Getuig het _ 35

Hoofstuk 2
Die Messias deur God Gestuur

God het die Messias Belowe _ 55
Kwalifikasies van die Messias _ 61
Jesus Vervul die Voorspellings _ 76
Dood van Jesus en Voorspelling oor Israel _ 84

Hoofstuk 3

Die God in Wie Israel Glo

    Die Wet en die Tradisie _ 93
    God se Ware Doel vir die Gee van die Wet _ 103

Hoofstuk 4

Waak en Luister!

    Tot die Eindtyd van die Wêreld _ 123
    Die Tien Koninkryke _ 140
    Onfeilbare Liefde van God _ 152

"Ster van Dawid," 'n simbool van die Joodse gemeenskap, op die vlag van Israel

Hoofstuk 1

Israel: God se Uitverkorenes

Aanvang van die Mensdom se Ontwikkeling

Moses, Israel se groot leier, wie sy mense van die slawerny in Egipte bevry het, en hulle na die Beloofde Land van Kanaän gelei het en as God se gevolmagtigde gedien het, begin Sy Woord in die Boek Genesis soos volg:

In die begin het God die hemel en die aarde geskep (1:1).

God het die hemele en die aarde en alles daarin in ses dae geskep, en op die sewende dag gerus, dit geseën en geheilig. Waarom, dan, het God die Skepper die heelal en alles daarin, geskep? Waarom het Hy die mens geskep en ontelbare mense sedert Adam toegelaat, om op die aarde te woon?

God het Hulle Gesoek met Wie Hy Ewigdurend Sy Liefde Kon Deel

Voor die skepping van die hemele en die aarde, het die Almagtige God in die onbeperkte heelal as lig bestaan, waarin die klank ingesluit was. Na die verloop van 'n lang eensaamheid, het God begeer om hulle te hê, met wie Hy Sy ewigdurende liefde kon deel.

God het nie alleenlik goddelike natuur, wat Hom as die Skepper omskryf, maar ook menslike natuur waardeur Hy vreugde, toorn, hartseer en plesier kan voel. Dus, begeer Hy om liefde aan ander te gee en te ontvang. In die Bybel is daar baie verwysings wat na God se besit van menslike natuur verwys. Hy was ingenome en bly, oor die regverdige dade van die Israeliete (Deuteronomium 10:15; Spreuke 16:7), maar hartseer en het kwaad geword vir hulle, wanneer hulle gesondig het (Eksodus 32:10; Numeri 11:1, 32:13).

Daar is tye wanneer elke individu begeer om alleen te wees, maar hy sal meer vreugdevol en salig word, wanneer hy 'n vriend het met wie hy sy hart kan deel. Omdat God menslike natuur besit, begeer Hy hulle vir wie Hy Sy liefde kan gee, wie se hart Hy kan omvat en omgekeerd.

'Sal dit nie vreugdevol en aandoenlik wees om kinders te hê, wie My hart kan omvat en aan wie ek liefde kan gee en ontvang, in hierdie groot maar nogtans diepsinnige koninkryk?'

Teen die tyd van Sy keuse, het God 'n plan uitgedink om ware kinders te bekom, wie na Hom aard. Daarna, het God nie alleenlik die geestelike koninkryk nie, maar ook die fisiese koninkryk geskep, waarin die mensdom moes lewe.

Sommige mag dink, 'Daar is baie hemelse gashere en engele in die hemel wie net gehoorsaam is. Waarom het God deur die moeite gegaan, om mense te skep?' Behalwe vir 'n paar engele, egter, besit die meeste hemelse wesens nie menslike natuur, wat die betekenisvolste element is wat benodig word, om liefde te gee en te ontvang: vrye wil wat hulle op hulle eie kies nie. Sulke hemelse wesens is soos robotte; hulle is in opdrag gehoorsaam, maar sonder om vreugde, kwaad, hartseer of plesier te voel, terwyl hulle nie in staat is om liefde te gee of te ontvang, komende uit die diepte van hulle harte nie.

Veronderstel daar is twee kinders en een van hulle gee nie uiting aan sy emosies, menings of liefde, maar is gehoorsaam en doen goed wat hy gevra word, om te doen. Die ander kind, selfs hoewel hy uit sy eie vrye wil, van tyd tot tyd sy ouers teleurstel, is vinnig om sy foute te bely, kleef aan sy ouer in liefde vas, en gee uiting aan sy hart op verskeie wyses.

Wie van hierdie twee sal jy verkies? Jy sal heel waarskynlik die laasgenoemde een verkies. Selfs indien jy 'n robot het, wat al die huispligte vir jou doen, sal nie een van julle daardie robot bo julle eie kinders verkies nie. Vir dieselfde rede, God verkies mense wie Hom graag sal gehoorsaam, met rede en emosies, eerder as robotagtige hemelse gashere en engele.

God se Voorsiening om Ware Kinders te Verkry

Na die skepping van die eerste mens, Adam, het God voortgegaan en die Tuin van Eden geskep, en hom toegelaat om oor dit te regeer. Alles was volop in die Tuin van Eden en Adam het oor alles regeer, uit sy vrye wil en die mag wat God vir hom gegee het. Nietemin, daar was een ding wat God verbied het.

Die Here God het die mens beveel: "Van al die bome in die tuin mag jy eet soos jy wil, maar van die boom van alle kennis mag jy nie eet nie. Die dag as jy daarvan eet, sterf jy" (Genesis 2:16-17).

Hierdie was 'n stelsel wat God tot stand gebring het, tussen God die Skepper en die geskepte mensdom, en Hy wou gehad het dat Adam Hom uit sy eie vrye wil en uit die diepte van sy hart moes gehoorsaam. Nadat 'n lang tyd verloop het, egter, het Adam daarin gefaal om God se Woord in gedagte te hou en die sonde van ongehoorsaamheid gepleeg, deur van die boom van die kennis van goed en kwaad te eet.

In Genesis 3 is 'n toneel waarin die slang, wat deur Satan aangehits was, vir Eva gevra het, "Het God werklik gesê julle mag van geen boom in die tuin eet nie?" (v.1) Eva het die slang geantwoord: Ons mag eet van die vrugte van die bome in die tuin."God het net gesê, ons mag nie eet van die vrugte van die boom in die middel van die tuin nie en ons mag dit nie aanraak nie, want dan sterf ons" (v.2 en 3).

God het duidelik vir Eva gesê, "Die dag as jy daarvan eet, sterf jy," maar sy het God se bevel verander en gesê, "Julle sal sterf."

Nadat die slang besef het, dat Eva nie God se bevel ter harte geneem het, het hy ernstiger met sy versoeking geword. "Julle sal beslis nie sterf nie!" het dit Eva meegedeel. En dit het bygevoeg, "Maar God weet dat julle oë sal oopgaan die dag as julle van daardie boom eet en dan sal julle soos God wees deurdat julle alles kan ken" (v.5).

Toe Satan met gulsigheid deur die vrou se verstand asemgehaal het, het die boom van die kennis van goed en kwaad, begin om anders in haar oë te lyk. Die boom het goed vir voedsel gelyk, en was 'n genot vir die oë, terwyl die boom begeerlik was om haar wys te maak. Eva het sy vrugte geëet en vir haar man ook daarvan gegee, wie ook geëet het.

Dit is hoe Adam en Eva die sonde van ongehoorsaamheid teenoor God se Woord gepleeg het, en beslis opgeëindig het om te sterf (Genesis 2:17).

Hier, verwys "dood" nie na vleeslike dood, wanneer asemhaling ophou in 'n menslike liggaam nie, maar na die geestelike dood. Na die eet van die boom van die kennis van goed en kwaad, het Adam kinders verwek en op die ouderdom van 930 jaar gesterf (Genesis 5:2-5). Van dit alleen, weet ons dat "dood" hier nie na fisiese dood verwys nie.

Die mens was oorspronklik as 'n mengsel van gees, siel en liggaam geskep. Hy het gees besit, waardeur hy met God kon kommunikeer; die siel was onder die gees se beheer; en die liggaam wat as 'n skild vir beide die gees en die siel gedien het. As gevolg van die versaking van God se bevel en 'n sonde wat gepleeg was, het die gees gesterf en die kommunikasie met God was beëindig. Dit is die "dood" waarvan God in Genesis 2:17 praat.

Na hulle sondigheid, was Adam en Eva uit die pragtige en oorvloedige Tuin van Eden uitgedrywe. Dit was die begin van die hele mensdom se foltering. Die pyn van kindergeboorte, was grootliks bestem vir die vrou wie na haar man hunker, en deur hom oorheers sal word, terwyl die man moes eet van wat uit die vervloekte grond kom, na elke dag van sy lewe se harde werk (Genesis 3:16-17).

Oor dit vertel Genesis 3:23 vir ons, "Daarom het die Here God die mens weggestuur uit die tuin van Eden uit om die aarde te gaan bewerk, die aarde waaruit hy gemaak is." Hier, dui "bewerk die grond" nie net alleenlik op die man se arbeid om uit die grond te eet, maar ook die feit dat hy – uit stof van die grond gevorm was – was ook om "sy hart te bewerk," terwyl hy op die aarde gewoon het.

Ontwikkeling van die Mensdom Begin met Adam se Sondigheid

Adam was as 'n lewende wese geskep, met geen kwaad in sy hart, dus was dit nie nodig dat hy sy hart bewerk nie. Na sy sondigheid, egter, was Adam se hart besoedel met onwaarhede en dit was nodig dat hy sy hart in 'n skoon hart ontwikkel, soos wat dit voor sy sondigheid was.

Dus, Adam moes sy hart, wat bedorwe geraak het deur onwaarhede en sondes ontwikkel, in 'n skoon hart en as God se ware kind na vore kom, nadat hy gesondig het. Wanneer die Bybel sê, "God het hom uit die tuin van Eden gestuur, om die grond waaruit hy geneem was te ontwikkel, beteken dit, dit, terwyl dit ook verwys na, "God se ontwikkeling van die mensdom."

Gebruiklik, verwys "ontwikkeling" na 'n werkswyse, waarvolgens landbouers saad saai, gesaaides versorg en die opbreng oes. Om sodoende die mensdom op die aarde te "ontwikkel" en goeie vrugte te verkry, dit beteken "ware kinders van God", het God die die eerste sade, Adam en Eva, gesaai. Deur Adam en Eva, wie God veronagsaam het, was ontelbare kinders gebore en deur God se ontwikkeling van die mensdom, was ontelbare kinders weer as God se kinders gebore, deur die ontwikkeling van hulle harte en die herwinning van God se verlore beeld.

Dus, "God se ontwikkeling van die mensdom" verwys na die volledige proses, waarin God die taak en beheer van die mensdom se geskiedenis, van hulle skepping tot hulle Oordeel op Hom neem, sodat Hy Sy ware kinders kan kry.

Net soos wat 'n landbouer vloede, ryp, haalstorms en goggas oorkom, na die saai van die eerste sade maar pragtige en genotvolle vrugte aan die einde oes, het God alles beheer om ware kinders te verkry wie na vore kom, nadat hulle dood, siektes, skeidings en ander soorte ontberings in hulle lewens in hierdie wêreld, deurgemaak het.

Die Rede Waarom God die Boom van die Kennis van Goed en Kwaad in die Tuin van Eden Geplaas het

Sommige mense vra, "Waarom het God die boom van die kennis van goed en kwaad geplaas, waardeur die mens gesondig het en tot selfvernietiging gelei het?" Die rede waarom God die boom van die kennis van goed en kwaad gelaas het, egter, is as gevolg van God se wonderlike voorsiening, waardeur hy mense wou lei om bewus te raak van die "betreklikheid."

Die meeste mense aanvaar dat Adam en Eva was net gelukkig in die Tuin van Eden, omdat daar geen trane, droefheid of foltering in die Tuin was nie. Maar Adam en Eva het nie ware blydskap en liefde geken nie, omdat hulle geen idee van betreklikheid in die Tuin van Eden gehad het nie.

Byvoorbeeld, hoe sal twee kinders reageer om dieselfde soort speelding te ontvang, indien die een kind gebore en grootgemaak word in 'n familie waar oorvloed is, en die ander een in 'n familie in nood? Die laasgenoemde kind sal meer dankbaar en vreugdevol uit die diepte van sy hart wees, as die kind met 'n oorvloedige agtergrond.

Indien jy die werklike waarde van iets verstaan, moet jy ook die volkome teenoorgestelde kan ken en ervaar. Slegs wanneer jy weens siekte gely het, sal jy instaat wees om die werklike waarde van goeie gesondheid te waardeer. Alleen, wanneer jy van die dood en die hel bewus geword het, sal jy instaat wees om die waarde van die ewige lewe te waardeer, en die God van liefde uit jou hart bedank, omdat Hy vir jou die ewige hemel gegee het.

In die oorvloedige Tuin van Eden het die eerste mens, Adam, alles geniet wat God vir hom gegee het, selfs die mag om oor elke kreatuur te regeer. Nietemin, omdat dit nie die vrugte van sy werk en sweet was nie, was Adam nie instaat om hulle belangrikheid ten volle te begryp, of om God daarvoor te waardeer nie. Eers nadat Adam na hierdie wêreld uitgedryf was en trane, hartseer, siektes, foltering, teenspoed en dood ervaar het, het hy die verskil tussen vreugde en droefheid besef en hoe waardevol vryheid en voorspoed was, wat God in die Tuin van Eden gegee het.

Watter goed sal die ewige lewe vir ons inhou, indien ons nie vreugde en hartseer ken nie? Selfs al ondervind ons vir 'n kort rukkie probleme, indien ons later kan besef en sê, "Dit is vreugde!" sal ons lewens al meer waardevol en geseënd word.

Is daar enige ouers wie nie hulle kinders skool toe sal stuur, maar eerder by die huis sal laat bly, eenvoudig omdat hulle weet studies is moeilik? Indien die ouers hulle kinders waarlik liefhet, sal hulle hul kinders skool toe stuur en hulle lei, om die moeilike studieprobleme ywerig te bestudeer en verskeie dinge te ervaar, sodat hulle vir hulle 'n beter toekoms kan bou.

Die hart van God, wie die mensdom geskep en ontwikkel het, is presies dieselfde. Vir daardie selfde rede het God die boom van die kennis van goed en kwaad daar geplaas, en nie vir Adam verhoed om uit sy eie vrye wil van die boom te eet, en hom toegelaat om vreugde, toorn, hartseer en plesier gedurende die loop van die mensdom se ontwikkeling, te ervaar. Dit is omdat die mens God, wie Homself liefde en die waarheid is, kan liefhê en aanbid, uit die diepte van sy hart, slegs nadat hy die betreklikheid en omvang en dankbaarheid van ware liefde en vreugde ervaar het.

Deur die proses van die menslike ontwikkeling, wil God ware kinders verkry, wie Sy hart leer ken het en Hom volg, en saam met hulle in die hemel te woon, om ware liefde vir ewig met hulle te deel.

Die Ontwikkeling van die Mensdom begin in Israel

Toe die eerste mens, Adam, uit die Tuin van Eden uitgedryf was, omdat hy God se Woord verontagsaam het, het hy nie die reg ontvang om die land van hervestiging te kies, maar in plaas daarvan, het God vir hom 'n gebied gegee, wat vir hom bestem was. Daardie gebied was Israel.

Hierin was God se wil en voorsiening ingesluit. Na die vasstelling van 'n meesterplan vir die mensdom se ontwikkeling, het God die mense van Israel uitverkies, as 'n toonbeeld van die mensdom se ontwikkeling. Vir daardie rede het God spesiaal toegelaat, dat Adam 'n nuwe lewe kan lei, in die land waar die nasie van Israel tot stand sou kom.

Na die verloop van tyd, het ontelbare nasies uit Adam se afstammelinge ontstaan, terwyl die nasie van Israel teen Jakob, 'n afstammeling van Abraham, se tyd reeds opgebou was. God het begeer om Sy glorie en voorsiening van die mensdom se ontwikkeling, deur die geskiedenis van Israel te openbaar. Dit was nie alleenlik net aan die Israeliete, maar aan die mense regoor die wêreld. Daarom, die geskiedenis van Israel, waarvan God Homself beheer geneem het, is nie bloot net 'n geskiedenis van 'n nasie, maar 'n goddelike boodskap vir die hele mensdom.

Waarom, dan, het God vir Israel as die toonbeeld van mensdom se ontwikkeling uitverkies? Dit was as gevolg van hulle uitstekende karakter, met ander woorde, hulle voortreflike binneste wese.

Israel is 'n afstammeling van die 'vader van geloof,' Abraham, met wie God baie ingenome was, en ook 'n afstammeling van Jakob, wie so taai was dat hy met God geworstel en geheers het. Dit is waarom, selfs nadat hulle hul tuisland verloor het en as swerwers vir eeue 'n lewe gelei het, het die mense van Israel nooit hul identiteit verloor nie.

Bowenal, die mense van Israel het vir duisende jare God se Woord wat deur mense van God voorspel was, bewaar en daarvolgens gelewe. Natuurlik, daar was baie tye waartydens die hele nasie hulleself van God gedistansieer het, en teen Hom gesondig het, maar uiteindelik het die mense bely en na God teruggekeer. Hulle het nooit hulle geloof, in hulle Here God verloor nie.

Die herstelling van 'n onafhanklike Israel in die 20ste eeu, wys duidelik vir ons die soort hart wat Israel se mense gehad het, as Jakob se afstammelinge.

Esegiël 38:8 vertel vir ons, "Jy sal na 'n lang tyd, in die verre toekoms, bevel kry en na 'n land toe gaan wat herstel is ná oorlog en waar baie mense weer tussen ander volke uit bymekaargebring is, daar op die berge van Israel wat so lank verwoes gelê het. Die mense is tussen die volke uit teruggebring en hulle woon almal veilig." Hier, verwys "die verre toekomstige jare" na die eindtyd wanneer die ontwikkeling van die mensdom tot 'n einde kom, en "die berge van Israel" die stad van Jerusalem aandui, naastenby 760 m (2,494 voet) bokant seevlak geleë.

Daarom, wanneer profeet Esegiël sê dat baie inwoners (wil) vergader vanaf baie nasies tot by die berge van Israel," beteken dit dat die Israelies sal vanaf regoor die wêreld vergader, om die staat Israel weer te herstel. Ooreenkomstig tot die Woord van God, het Israel, wat deur die Romeine in 70 n.C., vernietig is, op 14 Mei 1948 sy onafhanklikheid aangekondig. Die land was niks anders as "'n aanhoudende verwerpingspuinhoop" maar vandag, het die Israelies 'n sterk nasie gebou, wie niemand maklik buite rekening moet laat, of uitdaag nie.

Die Doel van God Deur die Israeliete te Kies

Waarom het God die ontwikkeling van die mensdom in die land Israel laat begin? Waarom het God die mense van Israel uitgekies, en die geskiedenis van Israel bestuur?

Eerstens, God wou aan alle nasies deur die geskiedenis van Israel bekend maak, dat Hy die Skepper van die hemele en die aarde is, dat Hy die ware God is, en dat Hy lewend is. Deur die bestudering van Israel se geskiedenis, kan selfs die nie-Jode maklik die teenwoordigheid van God aanvoel, asook die omvat van Sy voorsiening, om die geskiedenis van die mensdom te beheer.

Al die volke op die aarde sal weet dat die Naam van die Here oor jou uitgeroep is, en hulle sal bang wees vir jou (Deuteronomium 28:10).

Dit gaan goed met jou, Israel! Wie is soos jy? Jy is 'n volk wat deur die Here verlos is! Hy beskerm en help jou. Hy gee mag aan jou, jou vyande kruip voor jou, en jy sal oor hulle offerplekke stap (Deuteronomium 33:29).

God se uitverkiesing van Israel, het vir hulle 'n voorreg laat geniet, en ons kan dit maklik vanuit die geskiedenis van Israel vind.

Byvoorbeeld, toe Ragab twee verkenners ontvang het, wie deur Josua gestuur was om die land van Kanaän te bespied, het sy vir hulle gesê, "Ek weet die Here gee vir julle die land; ons is skrikbevange vir julle, al die inwoners van die land bewe van vrees vir julle. Ons het gehoor hoe die Here die water van die Rooi See voor julle weggedroog het met julle trek uit Egipte, en ook wat julle met die twee konings van die Amoriete oorkant die Jordaan, met Sihon en Og, gedoen het, hoe julle hulle voor die voet uitgeroei het. Ons het dit gehoor en ons harte het van angs verstyf. Niemand het nog moed teen julle nie, want julle God, die Here, is God, bo in die hemel en onder op die aarde" (Josua 2:9-11).

Gedurende die Israeliete se gevangenskap in Babilon, het Daniël met God 'n pad gestap, en Nebukadnesar, Koning van Babilon, het God met wie Daniël gestap het, ervaar. Nadat die koning God ervaar het, kon hy net "die Koning van die hemel prys, en eer en loof. Alles wat Hy doen, is reg, sy optrede is regverdig. Hy het die mag om hoogmoediges te verneder" (Daniël 4:37).

Dieselfde ding het gebeur, terwyl Israel onder die regering van Persië was. Met die sien van die lewende God terwyl Hy werk en reageer, op die gebed van Koningin Ester, "ook het baie mense uit die ander volksgroepe Jode geword omdat hulle skrikbevange was vir die Jode" (Ester 8:17).

Dus, toe selfs die nie-Jode die lewende God ervaar het, wie vir die Israeliete gewerk het, het hulle angsbevange geraak en God oor sulke gebeurtenisse en gevalle aanbid. En selfs die nalatenskap wat ons geken het, van die majesteit van God, om

Hom oor sulke gebeurtenisse en gevalle te aanbid.

Tweedens, het God Israel uitverkies en sy mense gelei, omdat Hy wou gehad het dat die hele mensdom deur die geskiedenis van Israel die rede moes besef, waarom Hy mense geskep en ontwikkel het.

God het die mensdom ontwikkel, omdat Hy daarna soek om ware kinders te verkry. 'n Ware kind van God is die een wie God volg, wie goedheid en liefde in wese is, asook regverdig en heilig is. Dit is omdat sulke kinders van God, Hom liefhet en volgens Sy wil lewe.

Toe Israel volgens God se gebooie gelewe het en Hom gedien het, het Hy die Israeliete bokant alle mense en nasies gestel. Aan die ander kant, toe die mense van Israel afgode gedien het en vinnig God se gebooie versaak het, was hulle blootgestel aan alle soorte foltering en rampe soos oorloë, natuurrampe en selfs gevangenskap.

Deur elke stap van die proses het die Israeliete geleer om hulleself voor God te verneder, en elke keer wat hulle hulself verneder het, het God hulle met Sy onfeilbare genade en liefde herstel en hulle in die arms van Sy genade gebring.

Toe Koning Salomo vir God liefgehad het en Sy gebooie onderhou het, het hy groot glorie en grootsheid geniet, maar toe die koning homself van God begin distansieer het en afgode gedien het, het die glorie en grootsheid wat hy geniet het, begin afneem. Toe die konings van Israel soos Dawid, Jehoshaphat, en Hezekiah volgens die wet van God gewandel het, was die land kragtig en voorspoedig, maar dit was swak en onderwerp aan buitelandse invalle, gedurende die regerings van konings wie God se weë vermy het.

Die geskiedenis van Israel openbaar duidelik God se wil op die manier, en dien as 'n spieël wat God se wil aan alle mense en nasies weerspieël. Sy wil verkondig dat wanneer mense na God se beeld gevorm is, en terselfdertyd Sy gebooie onderhou en ooreenkomstig Sy Woord heilig word, sal hulle God se seëninge ontvang en in Sy guns lewe.

Israel was uitverkies tussen alle nasies en mense om God se voorsiening te openbaar, en het 'n ontsaglike seëning ontvang, deur Hom te dien as die nasie van geestelikes in beheer van God se Woord. Selfs wanneer sy mense gesondig het, het God hulle van hulle sondes vergewe en hulle weer herstel, solank as wat hulle met 'n nederige hart bely het, net soos wat Hy hulle groot voorvaders belowe het.

Bowenal, die grootste seëning wat God belowe het en vir Sy uitverkorenes opsy gesit het, was die wonderlike belofte van glorie, dat die Messias uit hul geledere sou kom.

Groot Voorvaders

Regdeur die lang geskiedenis van die mensdom het God Israel onder Sy vlerke geneem en beskerm, deur mense van God op Sy bestemde tyd te stuur, sodat die naam van Israel nooit mag verdwyn nie. Die mense van God was diegene wie na vore gekom het, as die behoorlike vrugte in ooreenstemming van God se ontwikkeling van die mensdom en met die Woord van God volhard het, met liefde vir Hom. God het die fondasie van die nasie van Israel gelê, deur die groot voorvaders van Israel.

Abraham, die Vader van Geloof

Abraham was bestempel as die vader van geloof, as gevolg van sy geloof en gehoorsaamheid, en moes 'n groot nasie te voorskyn bring. Hy was ongeveer vier duisend jaar gelede in Ur van die Galdeërs gebore, en nadat hy deur God geroep was, het hy God se liefde en erkenning gewen, tot die punt waar hy God se "vriend" genoem was.

God het 'n beroep op Abraham gedoen, en aan hom die volgende belofte gemaak:

"Trek uit jou land uit, weg van jou mense en jou familie af na die land toe wat Ek vir jou sal wys. Ek sal jou 'n groot nasie maak, Ek sal jou seën en jou 'n man van groot betekenis maak, en jy moet tot 'n seën wees" (Genesis 12:1-2).

Op daardie stadium was Abraham nie langer meer 'n

jongman, met geen erfgenaam, en nie geweet waarheen dat hy gaan nie; daarom, was dit nie die maklikste ding om gehoorsaam te wees nie. Selfs hoewel hy nie geweet het waarheen hy gaan, het Abraham vorentoe gegaan, omdat hy slegs volkome in die Woord van God geglo het, aangesien God nooit Sy beloftes verbreek nie.

So, Abraham het alles in die geloof gedoen, en gedurende die duur van sy lewe het hy al die seëninge ontvang, wat God belowe het.

Abraham het nie alleenlik net volmaakte gehoorsaamheid teenoor God getoon, maar ook altyd goedheid en vrede, met die mense rondom hom nagestreef.

Byvoorbeeld, toe Abraham Haran verlaat het, ooreenkomsig God se bevel, het sy neef Lot saam met hom gegaan. Toe hulle besittings baie geword het, kon Abraham en Lot nie langer meer in dieselfde land bly nie. Die onvoldoende weiding en water het gelei tot, "struwelinge tussen die veewagters van Abraham en Lot se veewagters, want beide het baie kleinvee en beeste gehad" (Genesis 13:7). Selfs hoewel Abraham baie ouer was, het hy nie sy eie voordele gesoek of daarop aangedring nie. Hy het aan sy neef Lot toegegee, om die beter land te kies. Hy het aan Lot in Genesis 13:9 gesê, "Die hele land lê oop voor jou. Gaan jy liewer weg van my af. As jy links gaan, gaan ek regs; en as jy regs gaan, gaan ek links."

En omdat Abraham 'n man met 'n suiwer hart was, het hy nie 'n garingdraad of 'n skoenveter of enigiets wat aan ander behoort het, geneem nie (Genesis 14:23). Toe God hom vertel het dat die stede van Sodom en Gomorra, wat met sonde deurdrenk is, vernietig gaan word, het Abraham, 'n man met geestelike liefde, by God gepleit en Sy Woord ontvang, dat Hy nie vir Sodom sal vernietig, indien daar tien regverdige mense in die stad gevind sou word.

Die goedheid en geloof van Abraham was volmaak tot die punt wat hy God se bevel gehoorsaam het, vir die lewe van sy enigste seun, dat hy as 'n brandoffer geoffer moes word.

In Genesis 22:2, beveel God vir Abraham, "Vat jou seun, jou enigste seun, Isak wat jy liefhet, en gaan na die landstreek Moria toe en offer jou seun as brandoffer daar op een van die berge wat Ek vir jou sal aanwys."

Isak was 'n seun wie vir Abraham gebore was, toe laasgenoemde eenhonderd jaar oud was. Voordat Isak gebore was, het God reeds vir Abraham vertel dat die een wie uit sy eie liggaam sal voorkom, moet sy erfgenaam wees en die getal van sy afstammelinge sal gelykstaande aan die getal sterre wees. Indien Abraham vleeslike gedagtes gevolg het, sou hy nie instaat gewees het om God se bevel uit te voer, om Isak te offer nie. Nogtans, was Abraham dadelik gehoorsaam, sonder om enige redes te vra.

Die oomblik toe Abraham sy hand uitgesteek het om vir Isak dood te maak, het die engel van God hom geroep en gesê, "Abraham, Abraham! Hy het geantwoord: Hier is ek! Toe sê God: Los jou seun! Moenie iets aan hom doen nie. Nou weet Ek dat jy My dien: jy het nie geweier om jou seun, jou enigste seun, aan My te offer nie" (Genesis 22:11-12). Hoe 'n geseënde en aandoenlike toneel was dit?

Aangesien hy nooit op sy vleeslike gedagtes staatgemaak het, was daar geen worsteling of angstigheid in Abraham se hart nie, en hy kon net God se bevel in geloof, gehoorsaam. Hy het sy volle vertroue in die getroue God geplaas, wie sekerlik volbring wat Hy ookal belowe het, die almagtige God wie die dood oorwin het, en die God van liefde wie begeer, om vir Sy kinders net goeie dinge te gee. Omdat Abraham se hart net gehoorsaam was, en die daad van geloof vertoon het, het God vir Abraham as die vader van geloof aanvaar.

"Dit is Ek, die Here, wat praat. Ek lê 'n eed af by Myself dat Ek jou baie sal seën oor wat jy gedoen het: jy het nie geweier om jou seun, jou enigste seun, aan My te offer nie. Ek sal jou vrugbaar maak en jou nageslag so baie maak soos die sterre aan die hemel en soos die sand van die see. Jou nageslag sal die stede van sy vyande in besit neem. In jou nageslag sal al die nasies van die aarde geseën wees, want jy het My gehoorsaam" (Genesis 22:16-18).

Aangesien Abraham die soort en omvang van goedheid en geloof besit het, om God te verheerlik, was hy die "vriend" van God genoem en as die vader van geloof beskou. Ook, het hy die vader van alle nasies geword en die oorsprong van alle seëninge, net soos wat God hom belowe het, toe Hy hom aan die begin geroep het, "Ek sal seën wie jou seën, en hom vervloek wat jou vervloek. In jou sal al die volke van die aarde geseën wees" (Genesis 12:3).

God se Voorsiening deur Jakob, die Vader van Israel, en Josef die Dromer

Isak was vir Abraham, die vader van geloof, gebore en Isak se twee seuns was Esau en Jakob gewees. God het vir Jakob gekies, wie se hart beter as sy broers s'n was, toe hy nog in die moederskoot was. Jakob sou later "Israel" genoem word, en het die oorsprong van die nasie Israel en die vader van die Twaalf Afstammelinge word.

Tot die mate wat hy sy ouer broer, Esau, se geboortereg vir 'n pot lensiesop geruil het, en sy broer Esau se seëninge gegryp het deur sy vader Isak te bedrieg, het Jakob gretig seëninge en geestelike aangeleenthede van God begeer. Jakob het misleidende eienskappe in homself gehad, maar God het geweet wanneer Jakob eers vervorm was, sal hy 'n groot uitverkorene word. Vir daardie rede het God twintig jaar van beproewinge toegelaat, sodat sy "eie ekkerigheid" volkome afgebreek kon word en hy nederig mag word.

Nadat Jakob sy ouer broer Esau se geboortereg op 'n slu wyse weggeruk het, het Esau probeer om hom dood te maak en Jakob moes van hom wegvlug. Op die ou end het Jakob by sy oom, Laban, gaan woon en skape en bokke opgepas. Sy taak was om na sy oom se skape en bokke om te sien. In Genesis 31:40 bely hy, "Bedags het die hitte my verrinneweer en snags die koue, ek kon nie slaap nie."

God betaal elke individu terug, ooreenkomstig tot wat hy saai. Hy het gesien dat Jakob dit getrou doen en hom met groot rykdom geseën. Toe God hom vertel het dat hy na sy tuisland moet terugkeer, het Jakob vir Laban verlaat en na sy huis met sy familie en besittings teruggekeer. By die aankoms van die Jabbokrivier, het Jakob gehoor dat sy broer Esau saam met 400 manne aan die anderkant van die rivier is.

Jakob kon nie na Laban terugkeer nie, as gevolg van die belofte wat hy aan sy oom gemaak het. Ook, kon hy nie die rivier oorsteek en voortbeweeg, na Esau, wie gebrand het om wraak te neem. Omdat hy homself in 'n verknorsing bevind het, kon Jakob nie langer op sy eie wysheid vertrou, en het alles aan God in gebed opgedra. Hy het hom volkome bevry van elke raamwerk van sy eie gedagtes, Jakob het 'n ernstige versoek tot God in gebed gerig, tot die punt waar hy sy dybeen ontwrig het.

Jakob het met God geworstel en daarmee volgehou, so God het hom geseën en gesê, "Jy sal nie meer Jakob genoem word nie, maar Israel, want jy het teen God en teen mense 'n stryd gevoer en jy het dit end-uit volgehou" (Genesis 32:28). Toe kon Jakob ook weer met sy broer Esau versoen word.

Die rede waarom God vir Jakob uitgekies het, was omdat hy so aanhoudend en opreg was, dat deur die beproewinge hy in staat sou wees om 'n groot uitverkorene te word, om 'n betekenisvolle rol in die geskiedenis van Israel te speel.

Jakob het twaalf seuns gehad, en hulle het die fondamente gelê, om die nasie van Israel te vorm. Nietemin, omdat hulle bloot nog net 'n stam was, het God beplan om hulle binne die grense van Egipte te plaas, wat 'n kragtige land was, totdat die afstammelinge van Jakob 'n groot nasie kon word.

Hierdie plan was as gevolg van God se liefde, om hulle teen ander nasies te beskerm. Die persoon aan wie hierdie grootse taak toevertrou was, was Josef, die elfde seun van Jakob.

Tussen sy twaalf seuns, was Jakob merkbaar voortrekkerig teenoor Josef, aangesien hy hom geklee het met 'n veelkleurige uniform ensovoorts. Josef het die mikpunt van sy broers se haat en afgunsigheid geword, en was as 'n slaaf in Egipte op die ouderdom van sewentien jaar deur sy broers verkoop. Maar hy het nooit gekla of sy broers daaroor verag nie.

Josef was aan die huishouding van Potifar, Farao se hoof van die lyfwagte verkoop. Daar het hy ywerig en getrou gewerk, en die guns en vertroue van Potifar gewen. Daarvoor, het Josef die toesighouer oor Potifar se hele huishouding geword, en en al sy besittings is onder Josef se sorg geplaas.

'n Probleem het tog ontstaan. Josef was aantreklik in gedaante en voorkoms, daarom het sy meester se vrou hom begin verlei. Josef was eerlik en het vir God opreg gevrees, dus wanneer sy hom verlei het, het hy dapper vir haar gesê, "Hoe kan ek so 'n verkeerde ding doen? Ek sal mos teen God sondig!" (Genesis 39:9)

Op stuk van sake, na haar onredelike aantuigings, was Josef in die gevangenis gesit, waar die koning se gevangenes opgesluit was. Selfs in die gevangenis was God met Josef, en met dit in sy guns, was Josef spoedig in beheer van "alles wat gedoen was" in die gevangenis.

Vanaf sulke stappe op hierdie weg, was Josef in staat om baie wysheid te verkry, waardeur hy later 'n nasie kon regeer, sy politieke gesindhede kon ontwikkel en ook 'n groot uitverkorene kon word, wie baie mense in sy hart kon omvou.

Na die uitleg van Farao se drome met gepaardgaande wyse oplossings vir die probleem wat Farao en sy mense mee sou moes handel, het Josef die regeerder van Egipte na Farao geword. Dus, deur God se diepgaande voorsiening en deur daardie beproewinge wat aan Josef gegee was, het God hom in die posisie van onderkoning, op die ouderdom van 30 jaar in een van die kragtigste nasies van alle tye geplaas.

Net soos wat Josef Farao se drome voorspel het, het sewe jaar se hongersnood die Nabye Ooste, insluitende Egipte getref, en omdat hy alreeds voorbereidings vir so 'n gebeurtenis gemaak het, kon Josef alle Egiptenare daarvan bevry. Josef se broers het na Egipte gekom, op soek na voedsel, en was weer met hulle broer verenig. Die res van die familie het spoedig na Egipte verhuis, waar hulle in voorspoed gelewe het en die weg gebaan het, vir die ontstaan van die nasie van Israel.

Moses: 'n Groot Leier wie die Uittog 'n Werklikheid Gemaak het

Nadat hulle hulself in Egipte gevestig het, het Israel se afstammelinge in getalle en voorspoed gegroei, en spoedig groot en genoeg geword, om hulle eie nasie te vorm.

Toe 'n nuwe koning, wie nie van Josef geweet het nie, oor Egipte begin heers het, het hy teen die voorspoed en sterkte van die Israelietiese afstammelinge begin waarsku. Die koning en die hofbeamptes het spoedig die lewe vir die Israeliete begin moeilik maak, deur swaar werk met klei en bakstene en deur allerhande werk in die lande. Hulle moes onder dwang al die slawewerk vir Egipte doen (Eksodus 1:13-14).

Nogtans, "maar hoe meer die Israeliete onderdruk is, hoe meer het hulle geword en hoe meer het hulle oor die land versprei, in so 'n mate dat die Egiptenaars baie bang geword het vir hulle" (Eksodus 1:12). Farao het spoedig die opdrag gegee, dat alle Israelietiese seuns by geboorte, doodgemaak moes word. By die aanhoor van die Israeliete se uitroep om hulp, as gevolg van hulle gebondenheid, het God van Sy verbod wat met Abraham, Isak en Jakob gesluit was, onthou.

Ek gee aan jou en jou nageslag die land waar jy as vreemdeling woon, die hele Kanaän, as 'n blywende besitting, en Ek sal hulle God wees (Genesis 17:8).

Hierdie land wat Ek aan Abraham en aan Isak gegee het, sal Ek aan jou gee en ná jou gee Ek dit aan jou nageslag (Genesis 35:12).

Sodat die mense van Israel uit hulle foltering gelei kon word, en na die land van Kanaän gebring kon word, het God 'n man voorberei wie Sy bevele onvoorwaardelik sou gehoorsaam, en Sy mense met Sy hart sou lei.

Daardie individu was Moses. Sy ouers het Moses vir drie maande na sy geboorte weggesteek, maar toe hulle hom nie langer kon wegsteek, het hulle hom in 'n rottangmandjie gesit en dit tussen die riete by die oewer van die Nylrivier geplaas. Toe die dogter van Farao die kind in die rottangmandjie ontdek en besluit om hom vir haarself te neem, het die baba se suster wie op 'n afstand gestaan het, om te sien wat met die baba gaan gebeur, aan die dogter van Farao aanbeveel om Moses se biologiese moeder as verpleegster te gebruik.

Dus, was Moses in die koninklike paleis deur sy biologiese moeder grootgemaak, so het hy natuurlik opgegroei en van God en die Israeliete, sy eie mense, geleer.

Toe eendag, het hy gesien hoe sy Hebreeuse maat deur 'n Egiptenaar geslaan word, en uit benoudheid het hy die Egiptenaar doodgeslaan. Toe dit bekend geword het, moes Moses van Farao wegvlug en hom in die land van Midian gaan vestig. Hy het vir veertig jaar lank skape opgepas, en dit was deel van God se voorsiening, wie begeer het om Moses as die leier van die Uittog op te lei.

Teen die tyd van God se keuse uitoefening, het hy vir Moses

benoem en hom beveel om die Israeliete uit Egipte na Kanaän, 'n land wat oorloop van melk en heuning, te lei.

Omdat Farao se hart verhard was, het hy nie na God se bevel geluister, wat hy deur Moses gegee het nie. As gevolg daarvan, het God die Tien Plae oor Egipte gebring en die Israeliete met gewelddadigheid, uit die land van Egipte gebring.

Eers nadat hulle die dood van hulle eersgebore seuns gely het, het Farao en sy mense voor God neergekniel en kon die mense van Israel van hulle gevangeskap bevry word. God Homself het die Israeliete elke tree op hulle weg gelei; God het die Rooi See geskei, sodat hulle dit op droëgrond kon deurtrek. Wanneer hulle geen water gehad het om te drink, het God water uit 'n rots laat ontspring en wanneer hulle nie voedsel gehad het om te eet, het God manna en kwartels gestuur. God het hierdie wonderwerke en wonders uitgevoer, deur Moses, om die oorlewing van miljoene Israeliete vir veertig jaar in die woestyn te verseker.

Die getroue God het die mense van Israel die land Kanaän binnegelei deur Josua, Moses se opvolger. God het vir Josua en sy mense gehelp om die Jordaanrivier op God se manier oor te steek, en hulle toegelaat om die stad Jerigo te verower. Op Sy eie maniere, het God toegelaat dat hulle die meeste van Kanaän se grond, wat oorloop van melk en heuning, kon oorwin en besit.

Natuurlik, die verowering van Kanaän was nie net God se seëning vir die Israeliete, maar was ook die resultaat van Sy regverdige oordeel, teen die inwoners van Kanaän wie bedorwe in sonde en kwaad geword het. Die inwoners van die land Kanaän het op groot skaal bedorwe geraak, en was gedwonge aan beoordeling onderworpe, en in Sy regverdigheid het God die Israeliete gelei, om die land te neem.

Soos wat God vir Abraham vertel het, "Die vierde geslag ná jou sal hiernatoe terugkom" (Genesis 15:16), Abraham se afstammelinge, Jakob en sy seuns het Kanaän vir Egipte verlaat en hulle daar gevestig, en hulle afstammelinge het na die land Kanaän teruggekeer.

Dawid Het 'n Magtige Israel Gevestig

Na die verowering van die land Kanaän het God oor Israel deur middel van regters en profete regeer, gedurende die Periode van die Rigters, en toe het Israel 'n koninkryk geword. Deur die bestuur van Koning Dawid, wie God bo alles liefgehad het, was die fondamente as 'n nasie gevestig.

In sy jeug, het Dawid 'n groot Filistynse kryger met 'n slingervel en klip doodgemaak, en ter erkenning van sy diens op die slagveld, was Dawid oor die soldate in Koning Saul se weermag aangestel. Toe Dawid huiswaarts gekeer het, nadat hy die Filistyne verslaan het, het baie vroue gesing terwyl hulle gespeel het en gesê, "Saul het sy duisende verslaan, en Dawid sy tienduisende." En al die Israeliete het vir Dawid begin liefhê. Koning Saul het planne beraam, om Dawid uit jaloesie te vermoor.

Te midde van Saul se wanhopige vervolgings, het Dawid twee geleenthede gehad om die koning dood te maak, maar geweier om die koning dood te maak, wie deur God Homself gesalf was. Hy het net goed aan die koning gedoen. By een geleentheid, het Dawid gebuig met sy gesig na die grond toe, homself verootmoedig en aan Koning Saul gesê, "My vader, kyk tog, kyk na die punt van u mantel in my hand. Deurdat ek die punt van u mantel afgesny het, maar u nie doodgemaak het nie, kan u weet en sien dat daar geen kwaadwilligheid of opstandigheid by my is nie. Ek het nie teen u in opstand gekom nie, selfs al agtervolg u my om my lewe te neem" (1 Samuel 24:12).

Dawid, 'n man so na God se hart, het in alles goedheid nagejaag, selfs nadat hy koning geword het. Gedurende sy regering, het Dawid sy koninkryk met regverdigheid regeer en die koninkryk versterk. Omdat God met die koning was, was Dawid die oorwinnaar tydens die oorloë teen die naburige Filistyne, die Moabiete, die Amalekiete, die Ammoniete en die Edomiete gewees. Hy het Israel se grondgebied uitgebrei, terwyl die buit van die oorloë en huldeblyke die skatte van Dawid se koninkryk vermeerder het. Ooreenkomstig, het hy die periode van voorspoed geniet.

Dawid het ook die Verbondsark na Jerusalem verskuif, die prosedures vasgestel om offerandes aan te bied, en die geloof in die Here God versterk. Die koning het ook Jerusalem as die politieke en godsdienstige middelpunt van die koninkryk gestig en het alle voorbereidings getref, vir die oprigting van die Heilige Tempel van God gedurende die regering van sy seun, Koning Salomo.

Regdeur die hele geskiedenis was Israel die kragtigste en luisterrykste gedurende die regering van Koning Dawid, en Koning Dawid was grootliks deur sy mense bewonder en het groot glorie aan God gebring. Bowenal, hoe 'n groot voorvader was Dawid dat die Messias uit sy afstammelinge sou kom?

Elia Bring die Israeliete Terug na God

Koning Dawid se seun, Salomo, het in sy laaste dae afgode

aanbid en die koninkryk was na sy dood, in twee verdeel. Tussen die twaalf stamme van Israel het tien die Koninkryk van Israel in die noorde gevorm, terwyl die ander oorblywende stamme die Koninkryk van Juda in die suide gevorm het.

In die Koninkryk van Israel het die profete, Amos en Hosea, God se wil aan Sy mense openbaar, terwyl die profete Jesaja en Jeremia die evangeliebedienaars in die Koninkryk van Juda was. Wanneer die tyd van Sy uitverkiesing gekom het, het God Sy profete gestuur om Sy wil deur hulle uit te voer. Een van hulle was die profeet Elia. Elia het sy bediening, tydens Koning Agab se regering in die noordelike koninkryk uitgevoer.

In Elia se tyd, het die nie-Joodse koningin, Isebel die god Baäl na Israel gebring, en afgode-aanbidding regdeur die koninkryk was algemeen. Die eerste opdrag wat profeet Elia moes uitvoer, was om vir Koning Agab te sê, dat daar geen reën in Israel vir drie en 'n half jaar gaan wees, as gevolg van God se oordeel vir hulle afgode-aanbidding.

Toe die profeet vertel was, dat die koning en die koningin probeer het om hom dood te maak, het Elisa na Zarephath gevlug, wat aan Sidon behoort het. Hy was daar deur 'n weduwee voorsien van 'n stukkie brood en in ruil vir haar diens, het Elia die wonderlike seëninge oor die weduwee ten uitvoer gebring, sodat haar meel in die kruik en die olie in die kan nie uitgeput geraak het, totdat die hongersnood tot 'n einde gekom het nie. Later, het Elia ook die weduwee se dooie seun opgewek.

Bo-op Karmelberg het Elia teen 450 profete van Baäl en 400 profete van Asherah geveg en God se vuur vanaf die hemel afgebring. Sodat hy die Israeliete se harte van die afgode kon wegdraai en terug na God kon lei, het Elia die altaar van God herstel, water oor die brandoffer en altaar uitgegooi, en ernstig tot God gebid.

"Teen die tyd van die aandoffer het die profeet Elia vorentoe gekom en gebid: Here, God van Abraham, Isak en Israel, laat dit tog vandag bekend word dat U God is in Israel, en dat ek U dienaar is wat op U bevel al hierdie dinge doen. Antwoord my, Here, antwoord my tog dat hierdie volk kan besef dat U, Here, God is, en dat dit U is wat hulle harte weer tot U bekeer." Toe kom daar vuur van die Here af en dit verbrand die offer, die hout, die klippe en die grond. Dit het selfs die water in die sloot opgelek. Toe die hele volk dit sien, het hulle op hulle knieë geval en uitgeroep: "Die Here is God! Die Here is God!" Hierop sê Elia vir hulle: "Gryp die profete van Baäl! Nie een van hulle mag wegkom nie." Toe die volk hulle gegryp het, het Elia die profete laat afbring na Kisonspruit toe en daar het hy hulle doodgemaak (1 Konings 18:36-40).

Ter byvoeging, het hy reën vanaf die hemel na drie en 'n half jaar se droogte afgebring, die Jordaanrivier oorgesteek, asof hy op droëgrond loop en die dinge wat nog moes plaasvind, verkondig. Deur God se wonderlike krag te openbaar, het Elia oor die lewende God duidelik getuig.

2 Konings 2:11 lees, "Terwyl hulle [Elia en Elisa] gesels-gesels verder gegaan het, was daar skielik 'n wa van vuur met perde van vuur wat hulle twee van mekaar geskei het, en Elia is in 'n stormwind op, die hemel in." Omdat Elisa God deur sy geloof tot die uiterste toe verheerlik het en Sy liefde en erkenning ontvang het, is die profeet in die hemel opgeneem, sonder dat hy die dood ervaar het.

Daniël Openbaar God se Glorie aan die Nasies

Twee honderd en vyftig jaar later, circa 605 v.c., in die derde jaar van Koning Jojakim se regering, het Jerusalem geval, as gevolg van Koning Nebukadnesar van Babilon se inval, en baie lede van die koninklike familie was in gevangenskap geplaas.

As deel van Nebukadnesar se versoeningsbeleid, het die koning vir Aspenas, sy hoofpaleisbeampte, beveel om 'n paar van die Israeliese mense, insluitend 'n paar van die koninklike familie en die edeles, jeugdiges wie geen liggaamsgebrekke het, wie 'n goeie voorkoms het, intelligensie in elke vertakking van wysheid toon, begaaf is met begrip en oordeelkundige kennis, en wie die vermoë het om in die koning se paleis te dien, na die paleis te bring. Die koning het hom verder beveel om hulle in die Galdeërs se skrif en taal te onderrig. Tussen die jeugdiges was Daniël gewees (Daniël 1:3-4).

Nietemin, Daniël het homself voorgeneem dat hy hom nie met die koning se voedselkeuse of die wyn wat hy drink, sal verontreinig nie, en hy het die hoofpaleisbeampte vergunning gevra om dit nie te gebruik nie (Daniël 1:8).

Selfs hoewel hy 'n oorlogsgevangene was, het Daniël God se seëninge ontvang, omdat hy God in enige saak van sy lewe gevrees het. God het aan Daniël en sy vriende verstand en insig gegee, in alles wat geskryf is, en ook wysheid. Daniël kon enige gesig of droom uitlê (Daniël 1:17).

Dit was waarom hy voortgegaan het, om die guns en erkenning van die konings te verkry, selfs hoewel die koninkryke verander het. Met die besef van Daniël se buitengewone gees, het Koning Darius van Persië begeer, om hom oor sy hele koninkryk aan te stel. Toe het 'n groep hofbeamptes jaloers op

Daniël geraak, en vir 'n grondige beskuldiging teen Daniel, met betrekking tot regeringsake begin soek. Maar hulle kon geen grond vir 'n beskuldiging of bewys van korrupsie vind nie.

Toe hulle uitgevind het dat Daniël driekeer per dag tot God bid, het die kommissarisse en goewerneurs voor die koning verskyn en by hom aangedring, om 'n wet te skep dat enigeen wie 'n versoekskrif aan enige god of mens rig, behalwe aan die koning vir die volgende maand, moet in die leeukuil gegooi word. Daniël het nie geweifel nie; selfs met die risiko om sy reputasie, hoë posisie en sy lewe in die leeukuil te verloor, het hy voortgegaan om te bid, terwyl hy na Jerusalem staar, soos wat hy voorheen gedoen het.

In opdrag van die koning, was Daniël in die leeukuil gegooi, maar God het Sy engel gestuur en die leeus se monde gesluit. Daniël was ongedeerd gelaat. Met die bekendwording van dit, het Koning Darius aan alle mense, nasies en mense van alle tale geskryf, wie in al die lande gewoon het en hulle lofsange laat sing en glorie aan God gee:

Ek gee hiermee opdrag dat in my hele koninkryk die God van Daniël gevrees en geëer moet word. Hy is die lewende God, Hy bestaan vir ewig; sy koninkryk sal nie vernietig word nie, sy heerskappy sal nooit eindig nie. Hy red en bevry, hy doen tekens en wonders in die hemel en op die aarde; Hy het Daniël uit die kloue van die leeus gered (Daniël 6:27-28).

Ter byvoeging tot die voorvaders van geloof wie groot roem in die bogenoemde God gehad het, geen hoeveelheid papier of ink sal voldoende wees om die geloofsdade te beskryf van Gideon, Barak, Simson, Jefta, Samuel, Jesaja, Jeremia, Esegiël,

Daniel se drie vriende, Ester, en alle profete wie in die Bybel voorgestel was nie.

Groot Voorvaders vir Al die Nasies op die Aarde

Vanaf die vroegste dae van die nasie Israel, het God persoonlik die loop van sy geskiedenis bepaal en aangedui. Elke keer wat Israel hulleself in 'n krisis bevind het, het God hulle deur die profete gehelp, wie Hy voorberei het en die geskiedenis van Israel bestuur.

Daarom, anders as enige ander nasies het die geskiedenis van Israel ontvou, ooreenkomstig tot God se voorsiening, vanaf Abraham se dae en sal bly ontvou, in ooreenstemming met God se plan tot die die einde van dae.

Vir God om die vaders van geloof aan te wys, tussen die mense van Israel vir Sy voorsiening en plan was nie alleenlik vir Sy uitverkorenes, die Israeliete nie, maar ook vir alle mense orals wie in God vertroue het.

Abraham sal tog 'n groot en sterk nasie word en in hom sal al die nasies van die aarde geseën word (Genesis 18:18).

God begeer dat "al die nasies van die aarde," Abraham se kinders deur geloof sal word en Abraham se seëninge sal ontvang. Hy het nie net die seëninge vir Sy uitverkorenes, die Israeliete, gereserveer nie. God het vir Abraham in Genesis 17:4-5 belowe, dat hy die vader van 'n menigte van nasies sal word, en in Genesis 12:3 dat al die volke van die aarde in hom geseën sal word, en in Genesis 22:17-18 dat al die nasies van die aarde in sy saad geseën sal word.

Bowendien, deur die geskiedenis van Israel het God die weg geopen, waardeur alle nasies van die aarde sal weet dat net die Here God die ware God is, dien Hom, en word Sy ware kinders wie Hy liefhet.

Ek het my wil geopenbaar aan 'n volk wat nie na My gevra het nie. Ek het My laat vind deur mense wat My nie in die gebed gesoek het nie. Vir 'n nasie wat My nie aangeroep het nie, het Ek gesê: Hier is Ek! Hier is Ek! (Jesaja 65:1).

God het groot voorvaders gevestig en het persoonlik die geskiedenis van Israel gelei en bestuur, sodat beide die nie-Jode en Sy uitverkorenes, die Israeliete, toegelaat kon word om Sy naam aan te roep. God het die geskiedenis van die ontwikkeling van die mensdom tot dan voltooi, maar nou het Hy 'n ander wonderlike plan ontwerp, sodat Hy die voorsiening van die menslike ontwikkeling, ook op die nie-Jode van toepassing kon maak. Dit is waarom, toe die tyd van Sy verkiesing gekom het, het God Sy Seun na die land van Israel gestuur, nie net as die Messias van Israel, maar as die Messias van die hele mensdom.

Mense Wie van Jesus Christus Getuig het

Regdeur die geskiedenis van die mensdom se ontwikkeling, was Israel altyd die middelpunt in die vervulling van God se voorsiening. God het Homself aan die vaders van geloof geopenbaar, en hulle die dinge belowe wat gaan plaasvind, en dit presies volgens Sy belofte vervul. Hy het ook aan die Israeliete vertel, dat die Messias sal uit die geslag van Juda en die huis van Dawid kom en al die nasies op die aarde sal red.

Daarom, Israel het vir die Messias gewag, oor wie daar in die Ou Testament van voorspel was. Die Messias is Jesus Christus. Natuurlik, die mense wie geloof in die Judaïsme het, erken nie Jesus of die Seun van God en die Messias, maar in plaas daarvan, wag hulle steeds op Sy koms.

Nietemin, die Messias vir wie Israel wag en die Messias oor wie die res van hierdie Hoofstuk handel, is een en dieselfde.

Wat sê die mense van Jesus Christus? Indien jy die voorspellings oor die Messias en hulle vervulling ondersoek, kan jy slegs die feit bevestig, dat die Messias na wie Israel verlang, niemand anders as Jesus Christus is nie.

Paulus, Vervolger van Jesus Christus word Sy Apostel

Paulus was in Tarsus, Cilicia gebore, in die hedendaagse

Turkye, ongeveer 2,000 jaar gelede, en sy doopnaam was Saul. Saul was besny op die agste dag na sy geboorte, van die nasie van Israel, van die geslag van Benjamin, en 'n Hebreër van die Israeliete. Saul was onberispelik bevind, ooreenkomstig tot die regverdigheid wat in die Wet staan. Hy was ook deur Gamaliël onderrig, 'n leerkrag van die Wet wie deur alle mense gerespekteer was. Hy het streng ooreenkomstig die wet van sy vaders gelewe, en het die burgerskap van die Romeinse Keiserryk gehad, wat die kragtigste land in die wêreld op daardie stadium was. Opgesom, daar was niks wat Saul in vleeslike terme kortgekom het, ten opsigte van sy familie, afkoms, kennis, vermoë of mag nie.

Omdat hy God bo alles liefgehad het, het hy Jesus Christus se volgelinge uit jaloesie vervolg. Dit was omdat, wanneer hy gehoor het dat Christene daarop aanspraak maak, dat die gekruisigde Jesus die Seun van God en die Redder was, en op die derde dag weer uit die dood opgestaan het, het Saul dit beskou as gelykstaande aan godslastering teen God Homself.

Saul het ook gedink dat die volgelinge van Jesus Christus 'n dreigement voorhou, aan die Skynheilige Judaïsme wat hy hartstogtelik gevolg het. Vir daardie rede, het Saul onverbiddelik die kerk vervolg en verwoes, en die leiding geneem om die gelowiges van Jesus Christus gevange te neem.

Hy het baie Christene in die gevangenis laat opsluit en beslissende stemme teen hulle gekry, wanneer hulle doodgemaak was. Hy het ook die gelowiges in al die sinagoges gestraf, en hulle probeer dwing om teen Jesus Christus te laster, en aangehou om hulle selfs in die buitelandse stede te vervolg.

Toe het Saul 'n merkwaardige ervaring deurgemaak, waardeur

sy lewe onderstebo gekeer was. Op sy weg na Damaskus, het daar skielik 'n lig uit die hemel rondom hom geflits.

"Saul, Saul, waarom vervolg jy My?"
"Wie is U, Here?"
"Ek is Jesus wie jy vervolg."

Saul het van die grond af opgestaan, maar hy kon niks sien; die mense het hom na Damaskus gebring. Hy het daar vir drie dae gebly, sonder enige sig. Hy het nie geëet of gedrink nie. Na hierdie voorval, het die Here in 'n visioen aan 'n dissipel, genaamd Ananias, verskyn.

En die Here sê vir hom: "Gaan dadelik na Reguitstraat toe en vra by Judas se huis na 'n man van Tarsus met die naam Saulus. Hy is besig om te bid en hy het in 'n gesig 'n man met die naam Ananias sien inkom wat hom die hande oplê sodat hy weer kan sien. ... Gaan daarheen, want Ek het hom gekies as my werktuig om my Naam uit te dra onder die heidennasies en hulle konings en ook onder Israel. Ek self sal vir hom wys hoeveel hy vir my Naam moet ly" (Handelinge 9:11-12,15-16).

Toe Ananias sy hande op Saul lê en vir hom gebid het, het daar dadelik iets soos skubbe van sy oë afgeval, en hy het weer sy sig herwin. Nadat hy die Here ontmoet het, het Saul sy sondes deur en deur besef, waarna hy sy naam na "Paulus" verander het, wat "'n klein mens" beteken. Van daar af verder, het hy met dapperheid aan die nie-Jode die lewende God en die evangelie van Jesus Christus verkondig.

Dit moet julle goed besef, broers: die evangelie wat ek verkondig, is nie deur 'n mens uitgedink nie. Ek het dit ook nie van 'n mens ontvang of by 'n mens geleer nie. Inteendeel, Jesus Christus het dit in 'n openbaring aan my gegee. Julle het immers gehoor van my optrede toe ek destyds nog 'n aanhanger van die Joodse leer was. Ek het die kerk van God tot die uiterste vervolg en dit probeer uitroei. En in die Joodse leer het ek onder my volksgenote bo baie van my leeftyd uitgestyg, want ek was 'n fanatieke ywaraar vir die oorgelewerde leer van my voorvaders. Maar God het my al voor my geboorte vir Hom afgesonder, en Hy het my in sy genade geroep. Toe Hy in sy goedheid besluit het om sy Seun aan my te openbaar sodat ek die evangelie oor Hom onder die heidennasies sou verkondig, het ek nie dadelik daarna mense geraadpleeg of Jerusalem toe gegaan na dié wat voor my al apostels was nie. Nee, ek is Arabië toe, en daarvandaan het ek teruggekom Damaskus toe (Galasiërs 1:11-17).

Selfs nadat Paulus die Here Jesus Christus ontmoet het, het Paulus baie soorte ontberings verduur, wat nie voldoende deur woorde beskryf kon word nie. Paulus het hom dikwels bevind waar hy harder moes werk, meer in die tronk was, meer dikwels geslaan, dikwels in doodsgevaar, dikwels nagte sonder slaap, dikwels honger en dors; en dikwels sonder kos, sonder skuiling of bedekking teen die koue (2 Korintiërs 11:23-27).

Hy kon maklik 'n voorspoedige en gemaklike lewe met sy status, mag, kennis en wysheid gelei het, maar Paulus het dit alles prysgegee, ter wille van die Here.

Ek is immers die geringste van die apostels en is nie werd om 'n apostel genoem te word nie, omdat ek die kerk van God vervolg het. Maar deur die genade van God is ek wat ek is. Sy genade aan my was nie tevergeefs nie; inteendeel, ek het harder gewerk as hulle almal; eintlik was dit nie ek nie, maar die genade van God wat by my is (1 Korintiërs 15:9-10).

Paulus kon hierdie dapper belydenis aflê, omdat hy 'n baie duidelike ervaring, oor 'n ontmoeting met Jesus Christus gehad het. Die Here het nie alleenlik vir Paulus op die pad na Damaskus ontmoet nie, maar ook Sy teenwoordigheid bevestig, deur verbasende werke van mag uit te voer.

God het buitengewone wonderwerke deur middel van Paulus se hande uitgevoer, sodat selfs sakdoeke en voorskote wat sy liggaam aangeraak het na die siekes geneem was, en die siektes verdwyn het, nadat die bose geeste hulle verlaat het. Paulus het ook 'n jongman met die naam Eutychus in die lewe teruggebring, nadat hy van die derde verdieping geval het, en as dood opgetel was. Om 'n dooie persoon na die lewe terug te bring, is onmoontlik sonder die krag van God.

Die Ou Testament meld dat profeet Elia die dooie seun van die weduwee in Zarephath na die lewe teruggebring, terwyl die profeet Elisa 'n seun van 'n vooraanstaande vrou in Shunem opgewek het. Soos wat die psalmdigter in Psalm 62:12 geskrywe het, "Een ding het ek God hoor sê; nee, twee: dat net God mag het," die mag van God word aan mense van God gegee.

Gedurende sy drie sendingreise het Paulus die fondament vir die evangelie van Jesus Christus gevestig, om aan alle nasies verkondig te word, deur die bou van kerke by baie plekke in Asië en Europa, insluitende Klein-Asië en Griekeland. Dus, die weg was geopen waardeur die evangelie van Jesus Christus verkondig sou word, na elke hoek van die aarde en ontelbare siele sou gered word.

Petrus Openbaar Groot Krag en Red Ontelbare Siele

Wat kan ons van Petrus sê, wie die poging om die evangelie aan die Jode te verkondig, op die spits gedryf het? Hy was 'n gewone visserman voordat hy vir Jesus ontmoet het, maar nadat hy deur Jesus opgeroep was om die verbasende dinge wat Jesus gedoen het, eerstehands te sien, het Petrus een van Sy beste dissipels geword.

Toe Petrus die soort en omvang van die krag wat Jesus openbaar het, aanskou het, wat geen ander mens selfs kon navolg, insluitende die opening van 'n blinde se oë, die opstaan van kreupeles, opwekking van die dooies, die sien van Jesus se goeie dade, en waarneem hoe Jesus ander mense se tekortkominge en oorskreidings bedek, kon Petrus glo, "Hy het inderdaad van God gekom." In Matteus 16 kan ons sy belydenis vind.

Jesus het vir Sy dissipels gevra, "Wie sê julle, is Ek?" (v. 15) En Petrus antwoord, "U is die Christus, die Seun van die lewende God" (v. 16).

Dan het iets ondenkbaar met Petrus, wie so 'n dapper

belydenis soos hierbo kon maak, gebeur. Petrus het selfs aan Jesus by die laaste avondmaal bely, "Al sal hulle U ook almal in die steek laat, ék sal U nooit in die steek laat nie" (Matteus 26:33). Maar die nag wat Jesus gevange geneem en gekruisig was, het Petrus driekeer uit vrees vir die dood, ontken dat hy vir Jesus ken.

Nadat Jesus weer opgestaan het en na die hemel opgevaar het, het Petrus die Heilige Gees ontvang en hy was op 'n wonderlike manier herskep. Hy het elke oomblik van sy lewe daaraan gewy, om die evangelie van Jesus Christus te verkondig, sonder om die dood te vrees. Een dag het 3,000 mense berou getoon en is gedoop, toe hy dapper oor Jesus Christus getuig het. Selfs voor die Joodse leiers, wie gedreig het om sy lewe te neem, het hy dapper verkondig dat Jesus Christus ons Here en Saligmaker is.

Bekeer julle en laat elkeen van julle gedoop word in die Naam van Jesus Christus. Dan sal God julle sondes vergewe, en sal julle die Heilige Gees as gawe ontvang. Wat God belowe het, is vir julle en vir julle kinders en vir almal wat daar ver is, vir almal wat die Here ons God na Hom toe sal roep (Handelinge 2:38-39).

Hy is die klip wat deur julle, die bouers, afgekeur is. Juis Hy het die belangrikste klip in die gebou geword. Hý bring die verlossing en niemand anders nie. Daar is geen ander naam op die aarde aan die mense gegee waardeur God wil dat ons verlos moet word nie (Handelinge 4:11-12).

Petrus het God se mag vertoon, deur baie tekens en wonders uit te voer. By Lidda het Petrus 'n man genees wie vir agt jaar verlam was, en by die nabygeleë Joppe het hy vir Tabitha opgewek, wie siek geword en gesterf het. Petrus het ook die kreupeles laat opstaan en loop, verder het hy mense genees wie weens 'n verskeidenheid siektes gely het, asook bose geeste uitgedryf.

God se krag het Petrus tot so 'n mate vergesel, dat die mense selfs die siekes op straat uitgedra en hulle daar op draagbare en beddens neergesit het, sodat as Petrus daar verbygaan, al is dit maar net sy skaduwee wat op party van hulle kon val (Handelinge 5:15).

Ter byvoeging, God het aan Petrus deur visioene geopenbaar, dat die evangelie van die saligheid aan die nie-Jode verkondig moes word. Eendag, toe Petrus na die huis se dak gegaan het om te bid, het hy honger gevoel en begeer om iets te eet. Terwyl voedsel voorberei was, het Petrus in 'n beswyming verval en die hemelruim sien open, en 'n voorwerp soos 'n groot laken het neergedaal. In dit, was daar alle soorte viervoetige en kruipende diere asook wilde voëls van die aarde gewees.

'n Stem het tot Petrus gekom. "Kom, Petrus, slag en eet."(Handelinge 10:13) Maar Petrus sê, "Nooit nie, Here! Ek het nog nooit iets geëet wat onheilig of onrein is nie" (v. 14). Hy hoor die stem toe weer, die tweede keer, vir hom sê: "Wat God rein verklaar het, mag jy nie onrein ag nie" (v. 15).

Dit het driekeer gebeur, en alles was op, in die hemelruim teruggetrek. Petrus kon nie verstaan waarom God hom beveel om iets te eet, wat deur die Wet van Moses as "onrein" beskou word nie. Terwyl Petrus nog gewonder het oor die betekenis van die gesig wat hy gesien het, het die Heilige Gees vir hom gesê, "Daar is drie mans wat jou soek. Kom, gaan ondertoe en moenie aarsel om saam met hulle te gaan nie, want Ek het hulle gestuur" (Handelinge 10:19-20). Die drie mans het namens die nie-Jood Kornelius, vir Petrus kom haal om na Kornelius se huis te gaan, soos versoek.

Deur hierdie visioen het God aan Petrus geopenbaar, dat God Sy genade selfs aan die nie-Jode verkondig wil hê, en vir Petrus aangespoor het om die evangelie van die Here Jesus Christus onder hulle te versprei. Petrus was so dankbaar teenoor die Here, wie hom tot die einde liefgehad en vertrou het met 'n heilige taak as Sy apostel, selfs hoewel hy Hom drie keer verloën het, terwyl hy nie sy eie lewe gespaar het, om ontelbare siele op die weg na saligheid te lei, en as 'n martelaar te sterf nie.

Johannes die Apostel Voorspel die Laaste Dae van die Openbaring van Jesus Christus

Johannes was voorheen 'n visserman in Galilea, maar nadat hy deur Jesus geroep was, het Johannes altyd saam met Hom gewees en Sy openbaringe, tekens en wonders aanskou. Johannes het gesien hoe Jesus by die bruilof in Kanaän water in wyn verander, hoe Hy ontelbare siek mense genees, insluitende 'n persoon wie vir agt en dertig jaar siek was, hoe Hy baie bose geeste uitgedryf het, en die oë van 'n blinde geopen het. Johannes het ook gesien hoe Jesus op die water loop, en Lasarus weer na die lewe terugbring, nadat hy reeds vier dae dood was.

Johannes het Jesus gevolg, toe Jesus van gedaante verander

het (Sy gesig het soos die son geskitter, en Sy kledingstukke het wit soos lig geword) en Hy het met Moses en Elisa by die top van die Berg van Verheerliking gepraat het. Selfs toe Jesus Sy laaste asem aan die kruis uitgeblaas het, het Johannes gehoor dat Jesus met die Maagd Maria en hom praat: "Daar is u seun!" (Johannes 19:26) en "Daar is jou moeder!" (Johannes 19:27)

Met hierdie derde laaste woorde wat Jesus aan die kruis gespreek het, het Jesus in fisiese terme vir Maria getroos, wie Hom gedra en aan Hom geboorte geskenk het, maar in geestelike terme het Hy aan die hele mensdom verkondig dat alle gelowiges broers, susters en moeders was.

Jesus het nooit na Maria as Sy "moeder" verwys nie. Soos wat Jesus die Seun van God is, is God Homself in wese, dus kon niemand aan Hom geboorte skenk en Hy kon nie 'n moeder hê nie. Die rede waarom Jesus vir Johannes gesê het, "Daar is jou moeder!" was omdat Johannes vir Maria as sy moeder moes dien. Vanaf daardie uur het Johannes vir Maria in sy eie huishouding ingeneem, en haar as sy moeder gedien.

Na Jesus se opstanding en hemelvaart, het hy ywerig die evangelie van Jesus Christus, saam met ander apostels verkondig, ten spyte van deurlopende dreigemente deur die Jode. Deur hulle ywerige verkondiging van die evangelie, het die Vroeë Kerk pragtige herlewing ervaar, maar terselfdertyd was die apostels aanhoudend aan vervolging blootgestel.

Johannes, die Apostel, was deur die Joodse Raad ondervra en later in kokende olie by die Romeinse Keiserryk ingedompel. Maar Johannes het nie daaronder gely, as gevolg van God se mag en voorsiening, en die Keiser het hom na die Griekse Eiland,

Patmos, in die Middelandse See verban. Daar, het Johannes met God in gebed gekommunikeer, en deur die besieling van die Heilige Gees en die engele se leiding, het hy baie diepliggende visioene gesien en die openbaringe van Jesus Christus opgeteken.

God het die openbaring oor wat binnekort moet gebeur, vir Hom gegee om aan sy dienaars bekend te maak. Jesus het toe sy engel gestuur om sy dienaar Johannes dit alles te laat sien (Openbaring 1:1).

Deur die besieling van die Heilige Gees het Johannes die Apostel, volledig oor al die dinge geskryf, wat in die laaste dae gaan gebeur, sodat alle mense Jesus as hulle Saligmaker kan aanneem en hulleself kan voorberei, om Hom as die Koning van konings en die Here van heersers tydens Sy Wederkoms te ontvang.

Lede van die Vroeë Kerk Het aan Hulle Geloof Vasgehou

Toe die opgestane Jesus in die hemel opgevaar het, het Hy Sy dissipels belowe, dat Hy op dieselfde wyse sal terugkeer as wat hulle Hom die hemel sien ingaan het.

Die ontelbare getuies van Jesus se opstanding en hemelvaart, het besef dat hulle ook instaat sal wees om op te staan en nie langer die dood te vrees nie. Dit is hoe hulle hulle lewens kan lei as Sy getuies, in die aangesig van die bedreigings en onderdrukking, van die regeerders van die wêreld en die vervolging wat dikwels hulle hulle lewens kos. Nie alleen Jesus se dissipels, wie Hom gedurende Sy openbare bediening gedien het, maar ook ontelbare ander het die prooi van leeus by die Kolosseum in Rome geword, en was onthoof, gekruisig en verbrand. Nogtans, het hulle almal aan hulle geloof in Jesus Christus vasgehou.

Met die toename in die vervolging van die Christene het die lede van die Vroeë Kerk in die grafkelders, ook bekend as Rome se "ondergrondse begraafplase" hulleself verberg. Hulle lewens was ellendig; dit was asof hulle nie regtig gelewe het nie. Aangesien hulle vurige en ernstige liefde vir God gehad het, het hulle nie enige soort beproewing of foltering gevrees nie.

Alvorens Christenskap amptelik in Rome erken was, was die onderdrukking van die Christene fel en wreed, en onbeskryfbaar erg. Christene was van hulle burgerskap ontneem, die Bybels en kerke was aan die brand gesteek, en kerkleiers en werkers was gearresteer, wreed gemartel en tereggestel.

Polycarp by die Smyrna kerk in Klein Asië het die persoonlike kameraadskap met die apostel Johannes gehad. Polycarp was 'n toegewyde biskop. Toe Polycarp deur die Romeinse owerhede gearresteer was en voor die Goewerneur verskyn het, het hy nie sy geloof versaak nie.

"Ek wil jou nie te skande maak nie. Beveel daardie Christene om te sterf en ek sal jou vrylaat. Vervloek Christus!"

"Vir agt en dertig jaar was ek Sy dienskneg, en Hy het nooit iets verkeerd aan my gedoen nie. Hoe kan ek my Koning, wie my gered het, belaster?"

Hulle het probeer om hom te verbrand, maar omdat dit onsuksesvol was, het Polycarp die biskop van Smyrna as 'n martelaar gesterf, nadat hy doodgesteek was. Toe baie ander Christene Polycarp se pad van geloof en sy martelaarskap gehoor en gesien het, het hulle die liefde van Jesus Christus al meer besef, en gekies om die weg van martelaarskap hulleself te gaan.

Israeliete, julle moet versigtig wees wat julle met hierdie mense gaan doen. 'n Tyd gelede was daar die geval van Teudas, wat in opstand gekom en daarop aanspraak gemaak het dat hy iemand van betekenis is. Hy het 'n aanhang gekry van omtrent vier honderd man. Hy is doodgemaak, en al sy volgelinge is verstrooi, en die opstand het op niks uitgeloop nie. Daarna was dit Judas die Galileër, wat in die tyd van die volkstelling in opstand gekom het en met 'n deel van die volk agter hom aan. Ook hy is om die lewe gebring, en al sy volgelinge is uitmekaar gejaag. Wat die huidige geval betref, my raad aan julle is: Laat staan hierdie mense en laat hulle los, want as wat hulle wil en wat hulle doen, mensewerk is, sal daar niks van kom nie. Maar as dit van God kom, sal julle hulle nie kan keer nie. Moenie dat dit dalk later blyk dat julle selfs teen God gestry het nie (Handelinge 5:35-39).

Die beroemde Gamaliël het die mense van Israel soos hierbo, vermaan en herinner dat die evangelie van Jesus Christus, wat van

God Homself gekom het, nie omgekantel word nie. Uiteindelik in 313 n.C., het Keiser Konstantyn die Christendom as die amptelike godsdiens van sy keiserryk erken, en die evangelie van Jesus Christus is begin, om oor die hele wêreld verkondig te word.

Die Getuienis oor Jesus soos Opgeteken in Pilatus se Verslag

Tussen die historiese dokumente van die Romeinse Keiserryk se tyd, was daar 'n manuskrip oor Jesus se opstanding wat Pontius Pilatus, Goewerneur van die Romeinse Provinsie van Judea, gedurende Jesus se tyd geskryf en aan die Keiser gestuur het.

Die volgende is 'n uittreksel oor die gebeurtenis van Jesus se opstanding van "Pilatus se Verslag aan die Keiser, oor die inhegtenisneming, Verhoor en Kruisiging van Jesus," en word huidiglik in die Hagia Sophia in Istanbul, Turkye bewaar:

'n Paar dae nadat die graf leeg gevind was, het Sy dissipels regoor die land verkondig dat Jesus uit die dood opgestaan het, net soos wat Hy voorspel het. Dit het selfs meer opgewondenheid voortgebring, as die kruisiging. Of dit vir seker is, kan ek nie sê, maar ek het baie ondersoek oor die saak gedoen; dus kan jy dit self ondersoek, en sien of ek gefouteer het.

Josef het vir Jesus in Sy eie graf begrawe. Of Hy Sy eie opstanding beplan het, of 'n ander plan beraam het, kan ek nie sê nie. Die dag nadat Hy begrawe was, het een van die priesters na die owerheidskantoor gekom en gesê dat hulle bevrees is, dat Sy dissipels van voornemens was om die liggaam van Jesus te steel en dit te versteek, en daarna voor te gee dat Hy uit die dood opgestaan het, soos wat Hy voorspel het, en waarvan hulle volkome oortuig was.

Ek het Hom na die kaptein van die koninklike wagte (Malkus) gestuur, om hom te vertel om soveel Joodse soldate as wat nodig is, rondom die graf te plaas; dan indien enigiets gebeur is net hulleself te blameer, en nie die Romeine nie.

Toe die groot opgewondenheid opgevlam het oor die graf wat leeg gevind was, het ek 'n dieper besorgdheid as ooit ervaar. Ek het die man, Islam, gestuur wie die naaste aan my is, om die omstandighede saam te stel. Hulle het 'n sagte en pragtige lig oor die graf gesien. Hy het eerstens gedink dat die vroue gekom het om Jesus se liggaam te balsam, soos wat die gebruik was, maar hy kon nie sien hoe hulle verby die wagte gekom het nie. Terwyl hierdie gedagtes deur sy verstand gemaal het, moes hy aanskou hoe die hele plek verlig was, en dit het gelyk asof daar skares dooies in hulle grafklere vergader.

Dit het gelyk asof almal juig en met geesdrif gevul is, terwyl rondom en bo in die lug die mooiste musiek wat ons al gehoor het weerklink, en dit het voorgekom asof die hele lug gevul is, met stemme wat God verheerlik. Die heeltyd het dit geblyk dat die aarde draai en swem, sodat hy siek en swak gevoel het, en hy kon nie meer op sy voete staan nie. Hy het gesê, dat dit geblyk het dat die aarde onder hom swem, en sy verstand hom verlaat het, dus het hy nie geweet wat gebeur nie.

Soos wat ons in Matteus 27:51-53 lees, "Op daardie oomblik het die voorhangsel van die tempel van bo tot onder middeldeur geskeur. Die aarde het geskud, en die rotse het uitmekaar gebars. Grafte het oopgegaan, en baie gelowiges wat dood was, is opgewek, en hulle het uit hulle grafte uitgegaan. Na Jesus se opstanding het hulle in die heilige stad gekom, waar hulle aan baie mense verskyn het," die Romeinse wagte het dieselfde getuienis gegee.

Na die opname van die Romeinse wagte se getuienisse, wie die geestelike verskynsel gesien het, het Pilatus aan die einde van sy verslag die opmerking gemaak, "Ek is byna gereed om te sê: 'Waarlik hierdie was die Seun van God.'"

Ontelbare Getuienisse van die Here Jesus Christus

Nie alleen Jesus se dissipels, wie Hom gedurende Sy openbare bediening gedien het, het getuienisse oor die evangelie van Jesus Christus voortgebring nie. Net soos wat Jesus in Johannes 14:13 gesê het, "Wat julle ook al in My naam vra, sal Ek doen, sodat die Vader deur die Seun verheerlik kan word." Ontelbare getuies het God se antwoorde op hulle gebede ontvang, en oor die lewende God en die Here Jesus Christus getuig, sedert Sy opstanding en hemelvaart.

Maar julle sal krag ontvang wanneer die Heilige Gees oor

julle kom, en julle sal my getuies wees in Jerusalem sowel as in die hele Judea en in Samaria en tot in die uithoeke van die wêreld (Handelinge 1:8).

Ek het die Here aangeneem, nadat ek deur God se krag van al my siektes genees geword het, waarteen die mediese wetenskap heeltemal hulpeloos was. Later was ek gesalf om 'n dienskneg van die Here Jesus Christus te wees, en het die evangelie aan alle mense verkondig, asook tekens en wonders bekend gemaak.

Soos belowe in die boonste vers het baie mense God se kinders geword, deurdat hulle die Heilige Gees ontvang het, en hulle lewens toegewy het, om die evangelie deur die krag van die Heilige Gees te verkondig. Dit is hoe die evangelie oor die hele wêreld versprei het, en ontelbare mense vandag die lewende God ontmoet en Jesus Christus aanneem.

Gaan uit, die hele wêreld in, en verkondig die evangelie aan die hele mensdom. Wie tot geloof gekom het en gedoop is, sal gered word; wie nie glo nie, sal veroordeel word. Die volgende wondertekens sal voorkom by dié wat glo: in my Naam sal hulle duiwels uitdrywe; in ander tale sal hulle praat; met hulle hande sal hulle slange optel, en as hulle iets drink wat dodelik giftig is, sal dit hulle geen kwaad doen nie; hulle sal siekes die hande oplê, en dié sal gesond word (Markus 16:15-18).

Kerk van die Heilige Graf by Golgota, die Kruisberg, in Jerusalem

Hoofstuk 2
Die Messias deur God Gestuur

God het die Messias Belowe

Israel het dikwels hul oppermag verloor en moes ly, weens invalle en reëls van Persië en Rome. Deur Sy profete het God 'n aantal beloftes oor die Messias gemaak, wie as die Koning van Israel sou kom. Daar kon nie 'n groter bron van hoop vir die geteisterde Israeliete gewees het, as God se beloftes oor die Messias nie.

Vir ons is 'n Seun gebore, aan ons is 'n Seun gegee; Hy sal heers, en Hy sal genoem word: Wonderbare Raadsman, Magtige God, Ewige Vader, Vredevors. Sy heerskappy sal uitbrei, en Hy sal vir altyd vrede en voorspoed bring. Hy sal op die troon van Dawid sit en oor sy koninkryk regeer. Hy sal dié koninkryk vestig en in stand hou deur reg en geregtigheid, van nou af en vir altyd. Daarvoor sal die onverdeelde trou van die Here die Almagtige sorg (Jesaja:5-6).

"Daar kom 'n tyd," sê die Here, 'dat Ek vir Dawid 'n regverdige spruit sal laat opskiet, 'n koning wat verstandig sal regeer. Hy sal die reg eerbiedig en regverdig regeer in sy land. In sy tyd sal Juda gered word en sal Israel veilig woon. Sy naam sal wees: Die Here regeer regverdig oor ons'" (Jeremia 23:5-6).

Jubel, Sion! Juig, Jerusalem! Jou koning sal na jou toe kom. Hy is regverdig en hy is 'n oorwinnaar, hy is nederig en hy ry op 'n donkie, op die hingsvul van 'n donkie. Ek sal die strydwaens in

Efraim vernietig, die perde uit Jerusalem uitroei. Die pyl en boog waarmee oorlog gemaak word, sal gebreek word. Die koning sal vrede vir die nasies afkondig en hy sal regeer van see tot see, van die Eufraat af tot in die uithoeke van die aarde (Sagaria 9:9-10).

Israel wag tot vandag toe, sonder ophou op die koms van die Messias. Wat is die vertraging van die Messias se koms, vir wie Israel gretig wag en vooruitloop? Baie Jode wil 'n antwoord op hierdie vraag hê, maar die antwoord word gevind in die feit dat hulle nie weet, dat die Messias alreeds gekom het nie.

Jesus die Messias het Gely Net soos deur Jesaja Voorspel

Die Messias, wie God vir Israel belowe en regtig gestuur het, is Jesus. Jesus is ongeveer twee duisend jaar gelede in Bethlehem, in Judea gebore, en toe die regte uur aangebreek het, het Jesus aan die kruis gesterf, opgestaan en die weg vir die hele mensdom geopen. Die Jode van Sy tyd, egter, het nie vir Jesus as die Messias herken, vir wie hulle gewag het nie. Dit was omdat Jesus totaal verskillend gelyk het, van die beeld van die Messias wie hulle hulleself voorgestel het.

Die Jode het vermoeid begin raak, weens die uitgebreide periodes van koloniale bestuur, en het 'n magtige Messias verwag, om hulle van hulle politieke strewe te verlos. Hulle het gedink dat die Messias as die Koning van Israel sal kom, en 'n einde aan alle oorloë maak, hulle van alle vervolging en onderdrukking verlos, vir hulle ware vrede gee en hulle bo alle nasies ophemel.

Nietemin, Jesus het nie in hierdie wêreld ingekom met prag en verhewendheid, soos die koninklikes nie, maar was as die seun van 'n arm skrynwerker gebore. Hy het selfs nie gekom om Israel van die Roomse onderdrukking te bevry of om hulle voormalige glorie te herstel nie. Hy het na hierdie wêreld gekom, om die mensdom te herstel wie verdoem was tot vernietiging, sedert Adam se sonde en om hulle kinders van God te maak.

Vir hierdie redes het die Jode nie vir Jesus as die Messias erken, en in plaas daarvan Hom gekruisig. Indien ons die beeld van die Messias bestudeer, soos in die Bybel opgeteken, kan ons egter die feit bevestig, dat die Messias inderdaad Jesus is.

Die dienaar was soos 'n loot wat voor die Here uitspruit, soos 'n plant wat wortel skiet in droë grond. Hy het nie skoonheid of prag gehad dat ons na hom sou kyk nie, nie die voorkoms dat ons van hom sou hou nie. Hy was verag en deur die mense verstoot. 'n Man van lyding wat pyn geken het, iemand vir wie die mense die gesig wegdraai. Hy was verag, ons het hom nie gereken nie (Jesaja 53:2-3).

God het vir die Israeliete gesê, dat die Messias, Koning van Israel, geen statige vorm of verhewe voorkoms sal hê, om ons aan te trek nie, maar in plaas daarvan sal Hy deur mense verag en verlaat word. Steeds, kon die Israeliete nie vir Jesus as die Messias erken, wie God hulle belowe het nie.

Hy was deur God se uitverkorenes, die Israeliete verag en verlaat, maar God het vir Jesus Christus bo alle nasies geplaas, en tot vandag toe het ontelbare mense Hom as hulle Saligmaker aangeneem.

Soos geskrywe in Psalm 118:22-23, "Die klip wat deur die

bouers afgekeur is, juis hy het die belangrikste klip in die gebou geword. Dit is deur die Here gedoen en is 'n wonder in ons oë!" Die voorsiening van die mensdom se saligheid, is bereik deur Jesus, wie Israel verlaat het.

Jesus het nie die voorkoms van die Messias wie die mense van Israel verwag het om te sien, maar ons kan verstaan dat Jesus is die Messias oor wie God deur Sy profete voorspel het.

Alles insluitend glorie, vrede en herstelling wat God aan ons deur die Messias belowe het, behoort tot die geestelike koninkryk en Jesus wie na hierdie wêreld gekom het, om die taak van die Messias te vervul het gesê, "My koninkryk is nie van hierdie wêreld nie" (Johannes 18:36).

Die Messias oor wie God voorspel het, was nie 'n koning met aardse magte en glorie nie. Die Messias sou nie na hierdie wêreld gekom het, sodat God se kinders rykdom, aansien en waardigheid tydens hulle tydelike lewe in hierdie wêreld kon geniet nie. Hy sou kom om Sy mense van hulle sondes te red, en om hulle te lei om die ewige vreugde en glorie in die hemel, vir ewig en altyd te geniet.

In dié tyd sal iemand uit die geslag van Isai 'n vaandel wees vir die volk. Die nasies sal na hom vra, en sy woonplek sal hoë aansien geniet (Jesaja 11:10).

Die beloofde Messias sou nie net vir God se uitverkorenes, die Israeliete kom, maar ook om die belofte van die saligheid te vervul, vir almal wie God se belofte oor die Messias met geloof aanvaar, deur die voetspore van Abraham se geloof. In kort, die Messias sou kom om God se belofte van die saligheid, as die

Saligmaker van alle nasies van die aarde te vervul.

Die Behoefte aan die Saligmaker vir die Hele Mensdom

Waarom moes die Messias in hierdie wêreld kom, nie alleenlik vir die saligheid van die mense van Israel, maar ook vir die hele mensdom?

In Genesis 1:28, seën God vir Adam en Eva en sê vir hulle, "Wees vrugbaar, word baie, bewoon die aarde en bewerk dit. Heers oor die vis in die see, oor die voëls in die lug, oor al die diere van die aarde, ook oor diere wat op die aarde kruip."

Na die skepping van die eerste mens, Adam, en die vestiging van hom as die meester van alle ander skepsele, het God vir hom die mag gegee om die aarde te "oorwin" en daaroor te "regeer". Maar toe Adam van die boom van die kennis van goed en kwaad geëet het, wat God hom in besonder verbied het, en die sonde van ongehoorsaamheid gepleeg het, as gevolg van die versoeking van die Satan-opgestookte slang, kon Adam nie langer sulke mag geniet nie.

Toe hulle die Woord van God se regverdigheid gehoorsaam het, was Adam en Eva slawe van regverdigheid en het die magte wat God hulle gegee het geniet, maar nadat hulle gesondig het, het hulle slawe van die sonde en die duiwel geword, en was gedwing om die magte op te gee (Romeine 6:16). Dus, al die mag wat Adam van God ontvang het, was aan die duiwel oorhandig.

In Lukas 4, het die duiwel vir Jesus versoek, wie net klaar

was met die derde, veertig dae vasperiode. Die duiwel het vir Jesus al die koninkryke van die wêreld gewys en vir Hom gesê, "Aan U sal ek al hierdie mag en majesteit gee, want dit is aan my oorgegee, en ek gee dit aan wie ek wil. Dit sal alles aan U behoort as U maar net voor my buig en my aanbid" (Lukas 4:6-7). Die duiwel het daarop gesinspeel dat die "heerskappy en sy glorie" aan "hom oorhandig was" vanaf Adam en kan dit ook aan iemand anders oorhandig.

Ja, Adam het alle mag verloor en dit aan die duiwel oorhandig, en as gevolg daarvan 'n slaaf van die duiwel geword. Sedert dan, het Adam die een sonde na die ander onder die duiwel se beheer gepleeg, en was op die weg van die dood geplaas, wat die loon van die sonde is. Dit het nie by Adam gestop nie, maar het al sy afstammelinge beïnvloed, wie Adam se oorspronklike sonde deur oorerflike invloede geërf het. Hulle was ook onder die mag van sonde geplaas, wat deur die duiwel en Satan beheer word, en vir die dood bestem.

Dit verantwoord die noodsaaklikheid, van die Messias se koms. Nie alleenlik God se uitverkorenes, die Israeliete, maar ook alle mense van die wêreld het die Messias benodig, wie in staat sou wees om hulle van die mag van die duiwel en Satan te verlos.

Kwalifikasies van die Messias

Net soos wat daar wette in hierdie wêreld is, is daar ook reëls en regulasies in die geestelike koninkryk. Of 'n persoon in die hel gaan beland of vergifnis van sy sondes gaan ontvang en die saligheid verkry, sal afhang van die wet van die geestelike koninkryk.

Aan watter kwalifikasies moet die persoon voldoen, sodat hy die Messias kan word, om die hele mensdom van die Wet se vloeke te kan red?

Die bepalings rakende die kwalifikasies van die Messias word gevind, in die wet wat God vir Sy uitverkorenes gegee het. Die wet was aangaande die verlossing van die grond.

Geen grond mag permanent verkoop word nie, want die land behoort aan My. Julle is slegs vreemdelinge en bywoners by My. Verder moet die reg om grond terug te koop, oral en altyd geld. Wanneer 'n Israeliet deur armoede verplig was om van sy grond te verkoop, moet die naaste manlike familielid dit vir die eienaar terugkoop (Levitikus 25:23-25).

Die Wet aangaande die Aflossing van die Grond Bevat Geheime oor die Kwalifikasies van die Messias

God se uitverkorenes het gehou by die wet. Dus, gedurende 'n transaksie om grond te verkoop of te koop, het hulle streng by die wet gebly, oor die aflossing van die grond soos in die Bybel opgeteken. Anders as ander lande se wette oor grond, maak Israel se wet oor grond dit duidelik in die kontrak, dat die grond nie permanent verkoop word, maar dit kan later weer teruggekoop word. Dit maak voorsiening dat 'n welgestelde familielid die grond vir 'n lid van sy familie, wie die grond verkoop het, kan aflos. Indien die persoon nie 'n welgestelde familielid het, om dit af te los nie, maar sy posisie het genoegsaam herstel om dit self af te los, laat die wet die oorspronklike eienaar toe, om die grond vir homself af te los.

Hoe, dan, is die wet oor die aflossing van grond in Levitikus verwant, tot die kwalifikasies van die Messias?

Sodat ons dit beter kan verstaan, moet ons die feit in gedagte hou, dat die mens uit die stof van die grond gevorm was. In Genesis 3:19, het God vir Adam gesê, "Net deur harde werk sal jy kan eet, totdat jy terugkeer na die aarde toe, want daaruit is jy geneem. Stof is jy, en jy sal weer stof word." En dit lees in Genesis 3:23, "Daarom het die Here God die mens weggestuur uit die tuin van Eden uit om die aarde te gaan bewerk, die aarde waaruit hy gemaak is."

God het vir Adam gesê, "Jy is stof," en "die grond" beteken geestelik dat die mens uit stof van die grond gevorm is. Dus, die wet oor die aflossing van die grond aangaande die verkoop en koop van grond, is direk verwant aan die wet van die geestelike koninkryk rakende die mensdom se saligheid.

Ooreenkomstig die wet oor die aflossing van grond, besit God al die grond en niemand kan dit permanent verkoop nie. Vir dieselfde rede, al die mag wat Adam oorspronklik van

God ontvang het, behoort aan God en niemand kan dit dus permanent verkoop nie. Indien iemand sy grond weens armoede verkoop, moet die grond weer afgelos word, wanneer die geskikte persoon te voorskyn kom. Eweneens, moet die duiwel die mag wat hy van Adam ontvang het, teruggee wanneer 'n geskikte persoon wie daardie mag kan aflos, te voorskyn kom.

Gebaseer op die wet oor die aflossing van grond, het die God van liefde en geregtigheid 'n individu voorberei wie al die mag wat Adam aan die duiwel oorhandig het, weer kan herwin. Daardie individu is die Messias, en die Messias is Jesus Christus wie vir ewig voorberei is en deur God Homself gestuur was.

Kwalifikasies van die Saligmaker en Hulle Vervulling deur Jesus Christus

Laat ons ondersoek, waarom Jesus die Messias en Saligmaker van die hele mensdom is, soos gebaseer op die wet oor die aflossing van grond.

Eerstens, net soos wat die verlosser van die grond 'n familielid moet wees, moet die Saligmaker 'n persoon wees wie die mensdom van hulle sondes kan verlos, omdat die hele mensdom sondaars geword het, deur die eerste mens, Adam, se sonde. Levitikus 25:25 sê vir ons, "Wanneer 'n Israeliet deur armoede verplig was om sy grond te verkoop, moet die naaste manlike familielid dit vir die eienaar terugkoop." Indien 'n persoon dit nie langer kan bekostig om sy grond te behou en hy verkoop die grond, kan sy naaste manlike familielid die grond terugkoop. Vir dieselfde rede, omdat die eerste mens, Adam, gesondig het en sy mag wat God hom gegee het, aan die duiwel moes oorhandig, kan en moet die verlossing deur iemand, Adam se "naaste familielid" uitgevoer word.

Soos ons in 1 Korintiërs 15:21 vind, "Aangesien die dood deur 'n mens gekom het, het die opstanding van die dooies ook deur 'n mens gekom," die Bybel herbevestig aan ons dat die verlossing van sondaars kan nie deur engele of diere uitgevoer word, maar slegs deur 'n mens. Die mensdom was op die weg na die dood geplaas, as gevolg van die eerste mens, Adam, se sonde en iemand anders moes hulle van hul sonde verlos, en slegs 'n medemens, Adam se "naaste familielid" kon dit doen.

Alhoewel Jesus die menslike natuur sowel as die goddelike natuur besit het, as die Seun van God, was Hy as 'n menslike wese gebore, sodat Hy die mensdom van hulle sondes kan verlos (Johannes 1:14) en groei kon ervaar. As 'n menslike wese het Jesus geslaap, honger en dors, vreugde en hartseer gevoel. Toe Hy aan die kruis gehang het, het Jesus gebloei en die gepaardgaande pyn gevoel.

Selfs in die geskiedkundige verband, is daar 'n stuk onloënbare bewys, wat die feit bevestig dat Jesus in hierdie wêreld as 'n menslike wese gekom het. Met die geboorte van Jesus as 'n verwysingspunt, was die geskiedenis van die wêreld in twee verdeel: "v.C." en "n.C." "v.C." of "voor Christus" verwys na die periode voor Jesus se geboorte en "n.C." of "Anno Domini" ("In die jaar van ons Here") verwys na die tyd sedert Jesus se geboorte. Hierdie feit bevestig dat Jesus na hierdie wêreld as 'n mens gekom het. Dus, Jesus voldoen aan die eerste kwalifikasie van die Saligmaker, omdat Hy in hierdie wêreld as 'n mens gekom het.

Twedens, net soos wat die verlosser van die grond nie die grond kon verlos indien hy arm was, kan 'n afstammeling van Adam ook nie die mensdom van hulle sondes verlos, omdat Adam gesondig het en al sy afstammelinge is met die oorspronklike sonde gebore. Die persoon vir die Saligmaker van die hele mensdom mag, nie 'n afstammeling van Adam wees nie.

Indien 'n broer sy suster se skuld wil terugbetaal, moet hyself sonder enige skuld wees. Op dieselfde wyse, vir 'n persoon om ander van hulle sondes te verlos, moet hulleself sonder sonde wees. Indien die verlosser sondig is, is hy homself 'n slaaf van die sonde. Hoe, kan, hy dan moontlik ander van hulle sondes verlos?

Nadat Adam die sonde van ongehoorsaamheid gepleeg het, was al sy afstammelinge met die oorspronklike sonde gebore. Dus, kon geen afstammeling van Adam die Saligmaker wees nie.

Vleeslik gespreek, is Jesus die afstammeling van Dawid en Sy ouers is Josef en Maria. Matteus 1:20, sê egter vir ons, "Wat in haar verwek is, kom van die Heilige Gees."

Die rede waarom elke individu met die oorspronklike sonde gebore word, is omdat hy sy ouers se sondige eienskappe deur sy vader se saad en sy moeder se eiersel oorerf. Nietemin, Jesus was nie deur Josef se saad en Maria se eiersel verwek nie, maar deur die Heilige Gees se mag. Dit was omdat sy swanger geraak het, voordat hulle saam geslaap het. Die Almagtige God kan veroorsaak dat 'n kind deur die mag van die Heilige Gees verwek word, sonder saad en 'n eiersel se vereniging.

Jesus het net die liggaam van die maagd Maria "geleen." Aangesien Hy deur die mag van die Heilige Gees verwek was, het Jesus geen eienskappe van die sondaars oorgeërf nie. Omdat Jesus nie 'n afstammeling van Adam is en sonder die oorspronklike sonde is, voldoen Hy aan die tweede kwalifikasie van die Saligmaker.

Derdens, net soos wat die verlosser van die grond welgesteld genoeg moet wees, om die grond te verlos, moet die Saligmaker van die hele mensdom genoeg mag hê, om die duiwel te oorwin en die mensdom van die duiwel te red.

Levitikus 25:26-27 sê vir ons, "Wanneer daar nie iemand is wat dit kan terugkoop nie, kan dit gebeur dat die persoon later self genoeg geld bymekaar maak om die grond terug te koop. Die aantal jare wat verloop het sedert die kooptransaksie moet dan in berekening gebring word en die oorspronklike eienaar moet die koper slegs uitbetaal vir die seisoene wat nog oor is tot die volgende hersteljaar. Die oorspronklike eienaar kan dan weer sy grond in besit neem." Met ander woorde, vir 'n persoon om die grond terug te koop, moet hy die "middele" besit, om dit te doen.

Die bevryding van oorloggevangenes vereis dat die een groep die mag moet hê, om die vyand te verslaan en om die skuld van ander terug te betaal, vereis dat die individu die finasiële middele moet hê. Om dieselfde rede, om die hele mensdom van die duiwel se mag te verlos, vereis dat die Saligmaker die mag moet hê, om die duiwel te verslaan om hulle van die duiwel te bevry.

Voor sy sondiging, het Adam die mag besit om oor alle

skepsele te heers, maar na sy sondiging was hy aan die duiwel se mag onderworpe. Hieruit kan ons verstaan dat die mag om die duiwel te verslaan, is van die sondeloosheid afkomstig.

Jesus die Seun van God was volkome sonder sonde. Omdat Jesus deur die Heilige Gees verwek was en nie 'n afstammeling van Adam, was Hy sonder die oorspronklike sonde. Verder, omdat Hy slegs met die Wet van God regdeur Sy lewe volhard het, het Jesus geen sondes gehad, wat Hy gepleeg het nie. Vir hierdie rede het die apostel Petrus gesê dat Jesus "het geen sonde gedoen nie en uit sy mond het daar nooit 'n leuen gekom nie. Toe Hy beledig is, het hy nie terug beledig nie, toe Hy gely het, het Hy nie gedreig nie, maar alles oorgelaat aan Hom wat regverdig oordeel" (1 Petrus 2:22-23).

Omdat Hy sonder enige sonde was, het Jesus die krag en mag gehad om die duiwel te verslaan, asook die krag om die mensdom van die duiwel te red. Sy ontelbare uitvoerings van wonderbaarlike tekens en wonderwerke, dra by tot die getuienis van dit. Jesus het siek mense genees, bose geeste uitgedryf, Hy laat die blindes en dowes weer sien en hoor en laat die kreupeles weer loop. Jesus het selfs die ontstuimige see laat bedaar en dooies opgewek.

Die feit dat Jesus sondeloos was, was sonder enige twyfel deur Sy opstanding herbevestig. Ooreenkomstig tot die wet van die geestelike koninkryk moet sondaars die dood ervaar (Romeine 6:23). Omdat Hy egter sonder sonde was, was Jesus nie onderwerp aan die mag van die dood nie. Hy het Sy laaste asem aan die kruis uitgeblaas en Sy liggaam was in 'n graf begrawe, maar op die derde dag het Hy opgestaan.

Hou in gedagte dat sulke groot vaders van die geloof, soos Henog en Elisa, was opgelig die hemel in, sonder om die dood te ervaar, omdat hulle sonder sonde was en volkome heilig geword het. Eweneens, op die derde dag nadat Hy begrawe was, het Jesus die mag van die duiwel verpletter deur Sy opstanding, en die Saligmaker van die hele mensdom geword.

Vierdens, net soos wat die verlosser van die grond liefde moet hê, om die grond vir sy familielid af te los, moet die Saligmaker van die mensdom liefde besit, waardeur Hy Sy lewe vir ander kan aflê.

Selfs indien die Saligmaker aan die eerste drie kwalifikasies, soos vroeër gemeld voldoen, maar nie liefde het, kan Hy nie die Saligmaker van die hele mensdom word nie. Veronderstel 'n broer het \$100,000 se skuld en sy suster is 'n multimiljoenêr. Sonder liefde, sal die suster nie haar broer se skuld terugbetaal nie en haar ontsaglike rykdom beteken, niks vir haar broer nie.

Jesus het na die wêreld as 'n menslike wese gekom, en was nie 'n afstammeling van Adam, en het die krag gehad om die duiwel te verslaan, en om die mensdom van die duiwel te red, omdat Hy geen sonde gehad het nie. Nietemin, indien Hy 'n gebrek aan liefde gehad het, kon Jesus nie die mensdom van hulle sondes verlos het nie. "Jesus se verlossing, van die mensdom van hulle sondes" beteken dat Hy die doodstraf namens hulle moes ontvang. Vir Jesus om die mensdom van hulle sondes te red, moes Hy as een van die afskuwelikste sondaars in die wêreld gekruisig word, om alle soorte van veragting en minagting te ly, en om Sy water en bloed tot sy dood te stort. Omdat Jesus se liefde vir die mensdom so gloeiend was, en Hy gewillig was om die mensdom van hulle sondes te verlos, was Jesus egter nie bekommerd oor Homself rakende die kruisiging as straf nie.

Waarom, dan, moes Jesus aan 'n houtkruis hang en Sy bloed tot die dood stort? Soos wat

Deuteronomium 21:23 vir ons sê, "Wie opgehang word, is deur God vervloek," en ooreenkomstig tot die wet van die geestelike koninkryk wat voorskryf dat "Die loon van sonde is die dood," was Jesus aan 'n houtkruis opgehang, om die hele mensdom van die sondevloek te verlos, waarvoor hulle bestem was.

Verder, soos Levitikus 17:11 lees, "Omdat die lewe van 'n dier in sy bloed is, het Ek die bloed vir julle gegee om op die altaar versoening te doen vir julle lewens. Omdat bloed versoening bring deur die lewe wat daarin is," daar is geen vergifnis van sondes sonder bloedstorting nie.

Natuurlik, Levitikus vertel vir ons dat fynmeel aan God geoffer kan word, in plaas van die bloed van diere. Hierdie maatstaf, egter, was vir hulle wie dit nie kon bekostig, om diere te offer nie. Dit was nie die soort offerbloed wat God verheerlik het nie. Jesus het ons van ons sondes verlos, deur aan 'n houtkruis te hang, totdat Hy Homself doodgebloei het.

Hoe wonderlik is Jesus se liefde, dat Jesus Sy bloed aan die kruis gestort het en die weg na die saligheid geopen het, vir hulle wie Hom verag en gekruisig het, selfs hoewel Hy mense van alle soorte siektes genees het, die bande van goddeloosheid verbreek het en net goed gedoen het?

Gebaseer op die wet oor die verlossing van grond, kom ons tot die gevolgtrekking dat slegs Jesus aan die kwalifikasies van die Saligmaker voldoen, wie die mensdom van hulle sondes kan verlos.

Die Weg na Saligheid van die Mensdom Voorberei Voor die Eeue

Die weg na saligheid van die mensdom het geopen, toe Jesus aan die kruis gesterf het en op die derde dag opgestaan het, na Sy begrafnis en die mag van die dood oorwin het. Jesus se koms na hierdie wêreld om die voorsiening van die mensdom se saligheid te vervul, asook om die mensdom se Messias te word, was voorspel die oomblik toe Adam gesondig het.'

In Genesis 3:15, het God vir die slang wat die vrou versoek het gesê, "Ek stel vyandskap tussen jou en die vrou, tussen jou nageslag en haar nageslag. Haar nageslag sal jou kop vermorsel en jy sal hom in die hakskeen byt." Hier, simboliseer "die vrou" geestelik God se uitverkorenes, Israel, terwyl "die slang" die vyandige duiwel en Satan wat God teenstaan, aandui. Wanneer die nageslag van "die vrou" die "kop van die slang verbrysel," beteken dit dat die Saligmaker van die mensdom uit die Israeliete sou kom, en die krag van die vyandige duiwel sou oorwin.

'n Slang word kragteloos, wanneer sy kop eers seergekry het. Op dieselfde wyse, toe God vir die slang gesê het dat die vrou se nageslag die slang se kop sal verbrysel, he Hy voorspel dat die Christus van die mensdom uit Israel gebore sou word, en die mag van die duiwel en Satan sou verwoes, om sondaars te red wat magsgebonde was.

Omdat die slang hiervan bewus geraak het, het die duiwel beoog om die vrou se nageslag uit te wis, voordat Hy enige skade aan sy kop kon toedien. Dit is hoe die duiwel geglo het, dat dit vir ewig die mag wat van die ongehoorsame Adam aan hom oorhandig het sou kon behou, indien dit die nageslag van die vrou kon uitwis. Die vyandige duiwel, egter, het nie geweet wie die nageslag van die vrou sou wees, en het dus begin saamsweer om God se getroue en geliefde profete dood te maak, selfs sedert die Ou Testamentiese tye.

Met Moses se geboorte, het die vyandige duiwel vir Farao van Egipte aangehits, om alle manlike kinders van Israelitiese vrouens te laat doodmaak (Eksodus 1:15-22), en toe Jesus na hierdie wêreld as vlees gekom het, het dit die hart van Koning Herodes aangeraak en hom alle manlike kinders wie in Bethlehem en omstreke was, vanaf die ouderdom twee jaar en jonger, laat doodmaak. Vir daardie rede, het God vir Jesus se familie gehelp, om na Egipte te ontsnap.

Daarna het Jesus onder die sorg van God Homself opgegroei, en Sy bediening op die ouderdom van 30 begin. Ooreenkomstig tot God se wil, het Jesus regdeur die hele Galilea gegaan, in hulle sinagoges onderrig, en elke soort van siekte en siektetoestand onder die mense genees, dooies opgewek en die evangelie van die hemelse koninkryk onder die armes verkondig.

Die duiwel en Satan het die hoëpriesters, die skrifgeleerdes en die Fariseërs aangehits en planne beraam, om Jesus deur hulle dood te maak. Maar die kwaadwilliges kon nie eers Jesus aanraak, tot die tyd van God te keuse nie. Slegs naby die einde van Jesus se drie en dertig jaar bedieningstydperk, het God hulle toegelaat om Jesus gevange te neem en te kruisig, sodat die voorsiening van die mensdom se saligheid, deur Jesus se kruisiging, vervul kon word.

Omdat hy voor die druk van die Jode geswig het, het die Romeinse Goewerneur, Pontius Pilatus, vir Jesus tot kruisiging gevonnis, en daarom het die Romeinse soldate vir Jesus met 'n doornkroon gekroon en spykers deur Sy hande en voete aan die kruis opgehang.

Kruisiging was een van die wreedste metodes om 'n misdadiger tereg te stel. Toe die duiwel daarin geslaag het, om Jesus te laat kruisig op daardie wrede manier deur sondige mense, hoe baie moes die duiwel nie gejuig het! Dit veronderstel dat niemand en niks anders in staat sal wees, om te verhinder dat die duiwel oor die wêreld kan regeer, en liedere van vreugde sing met gepaardgaande danse. Maar God se voorsiening, moes hier gevind word.

Wat ons verkondig, is die wysheid van God, die verborge waarheid wat bedek was en wat God van ewigheid af vir ons voorbestem het tot ons ewige heerlikheid. Nie een van die heersers van hierdie wêreld het hierdie wysheid geken nie. As hulle dit geken het, sou hulle nie die Here van die heerlikheid gekruisig het nie (1 Korintiërs 2:7-8).

Omdat God presies is, beoefen Hy nie die mag tot die punt waar die wet verbreek word, maar doen alles in ooreenstemming met die wet van die geestelike koninkryk. Dus, het hy die weg na die saligheid van die mensdom uitgelê, voor die eeue in ooreenstemming met die wet van God.

Ooreenkomstig tot die wet van die geestelike koninkryk, wat sê, "die loon wat die sonde gee, is die dood" (Romeine 6:23), indien 'n individu nie sondig, kan hy nie by die dood uitkom nie. Nietemin, die duiwel het die sondelose, onbesmette en vleklose Jesus gekruisig. Daarom het die duiwel die wet van die geestelike koninkryk geskend, en moet die straf terugbetaal, deur die mag wat Adam dit gegee het, terug te oorhandig, nadat Adam die sonde van ongehoorsaamheid gepleeg het. Met ander woorde, die duiwel was nou gedwing om van die houvas op alle mense af te sien, wie Jesus as hulle Saligmaker sou aanneem en in Sy naam glo.

Indien die vyandige duiwel van God se wysheid geweet het, sou hy nie vir Jesus gekruisig het nie. Omdat hy geen idee van hierdie geheim gehad het, het hy die sondelose Jesus laat doodmaak, en vas geglo dat dit sy greep op die wêreld vir ewig sou verseker. Maar, inderwaarheid het die duiwel in sy eie strik geval, deur uiteindelik die wet van die geestelike koninkryk te skend. Hoe wonderlik is God se wysheid!

Die waarheid is, dat die vyandige duiwel die instrument geword het, in die vervulling van God se voorsiening van die mensdom se saligheid, soos voorspel in Genesis, sy kop was "verbrysel" deur die nageslag van die vrou.

Deur God se voorsiening en wysheid het die sondelose Jesus gesterf, sodat die hele mensdom van hulle sondes verlos kon word, en deur die opstanding op die derde dag het Hy die mag van die dood van die vyandige duiwel verpletter, en die Koning van konings en die Here van heersers geword. Hy het die deur na saligheid geopen, sodat ons regverdig kan word, deur die geloof in Jesus Christus.

Daarom, ontelbare mense regdeur die geskiedenis van die mensdom was gered, deur hul geloof in Jesus Christus, en baie meer aanvaar vandag die Here Jesus Christus.

Ontvang die Heilige Gees deur die Geloof in Jesus Christus

Waarom ontvang ons saligheid wanneer ons in Jesus Christus glo? By die aanneming van Jesus Christus as ons Saligmaker, ontvang ons die Heilige Gees van God. Wanneer ons die Heilige Gees ontvang, word ons geeste wat reeds dood was, weer opgewek. Omdat die Heilige Gees die krag en die hart van God is, lei die Heilige Gees God se kinders na die waarheid en help hulle om volgens God se wil te lewe.

Dus, hulle wie waarlik in Jesus Christus glo, om hulle Saligmaker te wees, sal die begeertes van die Heilige Gees volg en daarna strewe om volgens God se Woord te lewe. Hulle sal hulself vry maak van haat, humeurigheid, jaloesie, afguns, oordeel en veroordeling van ander, en owerspel en in plaas daarvan in goedheid, waarheid, begrip, en diensbaarheid handel en ander liefhê.

Soos vroeër gemeld, toe die eerste mens, Adam, gesondig het deur van die boom van die kennis van goed en kwaad te eet, het die mens se gees gesterf en die mens was op die weg van vernietiging geplaas. Maar wanneer ons die Heilige Gees ontvang, word ons dooie geeste opgewek en soveel as wat ons die begeertes van die Heilige Gees volg, en volgens die Woord van God se waarheid lewe, sal ons geleidelik mense van die waarheid word en God se verlore beeld herwin.

Wanneer ons volgens die Woord van God se waarheid lewe, sal ons geloof erken word as "ware geloof," en omdat ons sondes deur die bloed van Jesus, ooreenkomstig ons dade van geloof gereinig sal word, kan ons die saligheid ontvang. Vir daardie rede sê 1 Johannes 1:7 vir ons, "Maar as ons in die lig lewe soos Hy in die lig is, het ons met mekaar deel aan dieselfde gemeenskap en reinig die bloed van Jesus, sy Seun, ons van elke sonde."

Dit is hoe ons saligheid verkry deur geloof, nadat ons vergifnis van ons sondes ontvang het. Nietemin, indien ons in sonde lewe, tenspyte van ons geloofsbelydenis, dan is daardie belydenis 'n leuen, en dus kan die bloed van ons Here Jesus Christus ons nie van ons sondes verlos, nog minder kan Hy ons die saligheid waarborg.

Natuurlik, dit is 'n ander storie vir mense, wie nou net Jesus Christus ontvang het. Selfs indien hulle nog nie in die waarheid lewe, sal God hulle hart ondersoek en glo dat hulle sal verander, en hulle na saligheid lei, wanneer hulle daarna strewe om na die waarheid te beweeg.

Jesus Vervul die Voorspellings

God se Woord oor die Messias wat deur die profete voorspel was, was deur Jesus vervul. Elke aspek van Jesus se lewe, vanaf Sy geboorte en bediening tot Sy dood en die kruisiging en opstanding, was binne God se voorsiening vir Hom, om die Messias en Saligmaker van die hele mensdom te word.

Jesus Gebore uit die Maagd in Bethlehem

God het die geboorte van Jesus deur die profeet Jesaja voorspel. Op die tyd van God se keuse, het die krag van God, die Allerhoogste, op 'n rein vrou met die naam Maria, in Nasaret, Galilea neergedaal en sy het spoedig met 'n kind swanger geraak.

Die Here sal daarom self vir julle 'n teken gee: 'n Jong vrou sal swanger word en 'n seun in die wêreld bring en sy sal hom Immanuel noem (Jesaja 7:14).

Net soos wat God die mense van Israel belowe het, "Daar sal geen einde wees aan die lyn van konings in die Huis van Dawid," Hy het veroorsaak dat die Messias voortkom, deur 'n vrou met die naam Maria, wie veronderstel was om met Josef, 'n afstammeling van Dawid te trou. Aangesien 'n afstammeling van Adam gebore met die oorspronklike sonde, nie die mensdom van hulle sondes kon verlos, het God die voorspelling vervul, deurdat die maagd Maria geboorte aan Jesus gegee het, voordat sy en Josef getrou het.

Maar jy Bethlehem-Efrata, jy is klein onder die families in Juda, maar uit jou sal daar iemand kom wat aan My behoort en hy sal in Israel regeer. Sy begin lê ver terug, in die gryse verlede (Miga 5:1).

Die Bybel het voorspel dat Jesus in Bethlehem gebore sou word. Inderdaad, Jesus was in Bethlehem, Judea gedurend die tyd van Koning Herodes gebore (Matteus 2:1), en die geskiedenis bevestig hierdie gebeurtenis.

Toe Jesus gebore was, het Koning Herodes die bedreiging van sy bewind gevrees, en probeer om Jesus dood te maak. Omdat hy nie instaat was om die baba te vind, het Koning Herodes egter al die babaseuntjies in Bethlehem en die nabye omgewing, vanaf twee jaar oud en jonger laat doodmaak. Dus was daar 'n gehuil en getreur, regdeur die streek.

Indien Jesus nie na hierdie wêreld as die ware Koning na die Jode gekom het, waarom sou 'n koning so baie kinders opgeoffer het om een baba dood te maak? Hierdie tragedie het plaasgevind, omdat die vyandige duiwel beoog het om die Messias dood te maak, uit vrees om die bewind oor die wêreld te verloor, daarom het hy Koning Herodes, wie gevrees het dat hy sy kroon sou verloor, se hart aangeraak het en hom daardie gruweldaad laat pleeg.

Jesus Getuig van die Lewende God

Voor die begin van Sy bediening, het Jesus vir die 30 jaar van Sy lewe, die Wet volkome onderhou. En toe Hy oud genoeg was, om 'n priester te word, het Hy begin om Sy evangeliebediening uit te voer, om die Messias te word, soos voor die eeue reeds beplan was.

Die Gees van die Here my God het oor my gekom; die Here het my gesalf om 'n blye boodskap te bring aan die mense in nood, Hy het my gestuur om dié wat moedeloos is, op te beur, om vir die gevangenes vrylating aan te kondig, vryheid vir dié wat opgesluit is, om aan te kondig dat die tyd gekom het waarop die Here genade betoon, die dag waarop ons God sy vyande straf maar almal wat treur, vertroos, die dag waarop Hy vir dié in Sion wat treur, eer gee in plaas van smart, vreugde in plaas van droefheid, blydskap in plaas van hartseer. Hulle sal genoem word: Bome van Redding. Die Here het hulle geplant om sy roem te vermeerder (Jesaja 61:1-3).

Soos wat ons in die bogenoemde voorspelling vind, het Jesus al die lewe se probleme met die krag van God opgelos, en dié met gebroke harte getroos. En toe die tyd van God se keuse gekom het, het Jesus Jerusalem binnegegaan, om die Lydenstyd te verduur.

Jubel, Sion! Juig, Jerusalem! Jou koning sal na jou toe kom. Hy is regverdig en hy is 'n oorwinnaar, hy is nederig en hy ry op 'n donkie, op die hingsvul van 'n donkie (Sagaria 9:9).

Ooreenkomstig tot Sagaria se voorspelling, Jesus het die stad van Jerusalem op 'n hingsvul van 'n donkie binnegery. Die mense het begin uitroep, "Prys die Seun van Dawid! Loof Hom wat in die Naam van die Here kom! Prys Hom in die hoogste hemel!"(Matteus 21:9), en daar was opgewondenheid regdeur die stad. Die mense het gejuig, omdat Jesus sulke wonderlike tekens en wonderwerke uitgevoer het, soos om op water te loop en dooies op te wek. Die skares sou Hom egter spoedig verraai en kruisig.

Toe hulle sien watter groot skares het vir Jesus gevolg, om Sy woorde van mag te hoor en die uitvoerings van God se krag, het die priesters en Fariseërs gevoel dat hulle posisie in die gemeenskap bedreig word. Uit hardvogtige haat vir hierdie Jesus, het hulle planne beraam om Hom dood te maak. Hulle het allerhande soorte vals bewyse teen Jesus voortgebring, en Hom daarvan beskuldig dat Hy die mense bedrieg en opstook. Jesus het wonderlike werke van God se krag vertoon, wat nie andersins uitgevoer kon word, indien God Homself nie met Hom was, maar hulle het probeer om van Jesus ontslae te raak.

Aan die einde het een van Jesus se dissipels Hom verraai, en die priesters het vir hom dertig stukke silwer gegee, om te help dat Jesus gearresteer word. Sagaria se voorspelling oor die dertig stukke silwer as beloning, wat sê, "Maar ek het die dertig stukke gevat en dit in die huis van die Here vir die pottebakker gegooi," was vervul (Sagaria 11:12-13).

Later was die man wie Jesus vir dertig silwer stukke verraai het, nie daartoe instaat om sy skuldgevoel te oorkom, en het die dertig stukke silwer in die tempel ingegooi en weggeloop, maar die priesters het daardie geld gebruik om 'n "stuk grond" by die pottebakker te koop, as 'n begraafplaas vir vreemdelinge (Matteus 27:3-10).

Die Lydenstyd en die Dood van Jesus

Soos wat profeet Jesaja voorspel het, het Jesus die Lydenstyd deurgemaak, sodat alle mense gered kon word. Omdat Jesus na die wêreld gekom het, om die voorsiening te vervul om Sy mense van hulle sondes te red, was Hy aan 'n houtkruis gehang om te sterf. Dit was die simbool van die vloek en was aan God geoffer, as die mensdom se skuldoffer.

Tog het hy óns lyding op hom geneem, óns siektes het hy gedra. Maar ons het hom beskou as een wat gestraf word, wat deur God geslaan en gepynig word. Oor óns oortredings is hy deurboor, oor óns sondes is hy verbrysel; die straf wat vir ons vrede moes bring, was op hom, deur sý wonde het daar vir ons genesing gekom. Ons het almal gedwaal soos skape, ons het elkeen sy eie pad geloop, maar die Here het ons almal se sonde op hom laat afkom. Hy is mishandel, maar hy het geduldig gebly, hy het nie gekla nie. Soos 'n lam wat na die slagplek toe gelei word en soos 'n skaap wat stil is as hy geskeer word, het hy nie gekla nie. Terwyl hy gely het en gestraf is, is hy weggeneem, en wie van sy mense het dit ter harte geneem dat hy afgesny is uit die land van die lewendes? Hy is gestraf oor die sonde van my volk. Hy het 'n graf gekry by goddeloses, hy was by sondaars in sy dood al het hy geen misdaad gepleeg nie en al was hy nooit vals nie. Dit was die wil van die Here om hom te verbrysel, om hom die pyn te laat ly. As hy sy lewe as skuldoffer gee, sal hy 'n nageslag he en nog lank lewe, deur hom sal die wil van die Here sy doel bereik (Jesaja 53:4-10).

Gedurende die Ou Testamentiese tye, was die bloed van diere aan God geoffer, elke keer wanneer 'n individu teen Hom gesondig het. Maar Jesus het Sy suiwer bloed gestort, wat nie oorspronklike sonde of selfgepleegde sonde ingesluit het nie, en "een offerande vir sondes van alle tye geoffer het" sodat alle mense vergifnis van hulle sondes mag ontvang, en die ewige lewe mag hê (Hebreers 10:11-12). Dus, het Hy die weg vir die vergifnis van sondes en die saligheid deur die geloof in Jesus Christus gebaan, en dit is nie langer nodig dat ons die bloed van diere offer nie.

To Jesus Sy laaste asem aan die kruis uitgeblaas het, het die voorhangsel van die tempel van bo tot onder middeldeur geskeur (Matteus 27:51). Die voorhangsel van die tempel was 'n groot gordyn wat die Heilige van die Heiliges in die Heilge Plek, in die Tempel geskei het, en geen gewone mens kon die Heilige Plek ingaan nie. Slegs die hoëpriester kon een keer per jaar die Heilige van Heiliges ingaan.

Die feit dat "die voorhangsel van die tempel van bo tot onder middeldeur geskeur het" simboliseer, dat toe Hy Homself geoffer het as die versoening, het Jesus die sondemuur wat tussen ons en God bestaan het, afgebreek. In die Ou Testamentiese tye, moes die hoëpriesters offerandes tot God offer, vir die aflossing van die Israeliete se sondes, en namens hulle tot God bid. Noudat die sondemuur wat in ons pad na God afgebreek was, kan ons self met God kommunikeer. Met ander woorde, enigeen wie in Jesus Christus glo, kan die heiligdom van God ingaan en Hom aanbid en daar tot Hom bid.

Daarom gee Ek hom 'n ereplek onder die grotes. Hy sal saam met magtiges die oorwinning vier omdat hy hom in die dood oorgegee het en as misdadiger beskou is, omdat hy die sondes van baie op hom geneem het en vir oortreders gebid het (Jesaja 53:12).

Net soos wat profeet Jesaja die Lyding en Kruisiging van die Messias opgeteken het, het Jesus aan die kruis vir die sondes van alle mense gesterf, maar was as een van die misdadigers beskou. Selfs terwyl Hy aan die kruis gesterf het, het Hy vir God gevra om hulle, wie Hom gekruisig het, te vergewe.

Vader, vergeef hulle, want hulle weet nie wat hulle doen nie! (Lukas 23:34).

Toe Hy aan die kruis gesterf het, was die Psalmdigter se voorspelling, "Die Here sorg vir die hele liggaam van die regverdige: geen been word gebreek nie" (Psalm 34:21) vervul. Ons kan die vervulling daarvan in Johannes 19:32-33 vind, "Toe het die soldate gekom en die bene van die eerste een gebreek en ook dié van die tweede een wat saam met Jesus gekruisig is. Toe hulle egter by Jesus kom en sien dat Hy al klaar dood is, het hulle nie sy bene gebreek nie."

Jesus Vervul Sy Bediening deur die Messias te word

Jesus het die sondelas van die mensdom aan Sy kruis gedra en vir hulle as die sondeoffer gesterf, maar die vervulling van die voorsiening van die saligheid was nie deur Jesus se dood nie.

Soos in Psalm 16:10 voorspel, "U gee my nie oor aan die dood nie. U laat u troue dienaar nie in die graf kom nie," en in Psalm 118:17, "Ek sal nie sterwe nie, ek sal lewe en van die dade van die Here getuig," Jesus se liggaam het nie vergaan, en Hy het op die derde dag opgestaan.

Soos verder in Psalm 68:19 voorspel, "U het krygsgevangenes weggevoer, mense het vir U geskenke gebring, selfs dié wat teen U in opstand was. Toe het U opgegaan na die hoogte om daar te woon," Jesus het opgevaar na die hemel en wag vir die laaste dae, wanneer Hy die ontwikkeling van die mensdom sal voltooi en Sy mense die hemel sal binnelei.

Dit is maklik om daarop te let, hoe alles wat God voorspel het oor die Messias deur Sy profete, volledig deur Jesus Christus voltooi was.

Dood van Jesus en Voorspellings oor Israel

God se uitverkore Israel het daarin gefaal, om Jesus as die Messias te herken. Steeds, het God nie die mense wie Hy uitgekies het verlaat nie, en is vandag nog besig om Sy voorsiening van Israel se saligheid te vervul.

Selfs deur Jesus se kruisiging, het God Israel se toekoms voorspel, en dit is omdat Hy hulle ernstig liefhet en wens dat hulle die Messias, wie God gestuur het om die saligheid te bereik, sal liefhê.

Die Lyding van Israel wie Jesus Gekruisig het

Selfs hoewel die Romeinse Goewerneur, Pontius Pilatus, vir Jesus tot kruisiging gevonnis het, was dit eintlik die Jode wie hom oorreed het, om so 'n besluit te neem. Pilatus was daarvan bewus dat daar geen gronde was om Jesus dood te maak nie, maar die skares het by hom aangedring, en geskree dat Hy gekruisig moet word, tot so 'n mate dat 'n oproer wou begin.

Ferm oor sy besluit om Jesus te kruisig, het Pilatus water geneem en voor die skare sy hande gewas en gesê: "Ek is onskuldig aan die bloed van hierdie man. Dit is julle verantwoordelikheid" (Matteus 27:24). Toe antwoord die hele Joodse volk, "Ons aanvaar die verantwoordelikheid vir sy bloed, ons en ons kinders!" (Matteus 27:25)

In 70 n.C., het Jerusalem onder die Romeinse Generaal Titus tot 'n val gekom. Die Tempel was verwoes en die oorlewendes was gedwing om hulle tuisland te verlaat en regoor die wêreld te verstrooi. Dus het die verstrooiing begin en dit het vir ongeveer 2000 jaar geduur. Gedurende hierdie periode van die verstrooiing, was die mate van die foltering wat die mense van Israel moes verduur, so erg dat dit nie genoegsaam, deur woorde beskryf kon word nie.

Toe Jerusalem tot 'n val gekom het, was ongeveer 1.1 miljoen Jode doodgemaak en gedurende Wêreldoorlog II, was ongeveer ses miljoen Jode deur die Nazis in 'n bloedbad omgebring. Die Jode was nakend gestroop en dit is 'n herinnering aan die tyd toe Jesus nakend gekruisig was.

Natuurlik, uit 'n Israeliese perspektief, kan hulle argumenteer dat hulle leiding nie die gevolg was, van die feit dat hulle Jesus gekruisig het nie. Deur egter terug te kyk op die geskiedenis van Israel, kan dit maklik opgelet word, dat Israel en sy mense deur God beskerm en voorspoedig was, wanneer hulle volgens God se wil gelewe het. Wanneer hulle hulself van God se wil gedistansieer het, was die Israeliete getug en onderwerp aan lyding en toetse.

Dus weet ons dat Israel se lyding nie sonder oorsaak was nie. Indien die kruisiging van Jesus in God se oë in orde was, waarom sou God vir Israel in die midde van aanhoudende ru strawwe, vir 'n lang tydperk gelaat het?

Jesus se Boklere en Sy Onderkleed en die Toekoms van Israel

'n Ander gebeurtenis, wat die dinge voor Israel se val voorspel het, het by Jesus se kruisigingsterrein plaasgevind. Soos wat ons in Psalm 22:18 lees, "Hulle verdeel my klere onder mekaar en trek lootjies oor my mantel," die Romeinse soldate het Jesus se boklere geneem en dit in vier dele verdeel, 'n deel vir elke soldaat, terwyl hulle lootjies vir sy onderkleed getrek het en een van die soldate het dit saam met hom geneem.

Hoe is hierdie gebeurtenis, aan die toekoms van Israel verwant? Aangesien Jesus die Koning van die Jode is, simboliseer die boklere geestelik God se uitverkorenes, die staat van Israel en sy mense. Toe Jesus se boklere in vier dele verdeel was en die vorm van die klere verdwyn het, het dit die vernietiging van die staat van Israel voorspel. Nogtans, omdat die stof van die boklere behoue gebly het, het die gebeurtenis ook voorspel dat selfs terwyl die staat van Israel mag verdwyn, die naam "Israel" sal bly voortbestaan.

Wat is die betekenis van die feit dat die Romeinse soldate Jesus se boklere geneem het en in vier dele verdeel het, vir elke soldaat 'n deel? Dit dui aan dat die mense van Israel sal deur die Romeine verwoes word en sal verstrooi. Hierdie voorspelling was ook met die val van Jerusalem en die verwoesting van die staat van Israel vervul, wat die Jode gedwing het om na verskillende dele van die wêreld te verstrooi.

Oor Jesus se onderkleed lees Johannes 19:23, "Die onderkleed was sonder naat van bo af in een stuk geweef." Die feit dat Sy onderkleed "naatloos" was, beteken dat geen veelvuldige lae linne aanmekaar geweef was, om hierdie kledingstuk te vorm nie.

Die meeste mense gee nie baie aandag daaraan, hoe hulle klere geweef is nie. Waarom dan, gee die Bybel so 'n breedvoerige beskrywing, van die struktuur van Jesus se onderkleed? Hierin is 'n voorspelling van gebeurtenisse, wat vir die mense van Israel gaan plaasvind.

Jesus se onderkleed simboliseer die mense van Israel se hart, die hart waarmee hulle God dien. Die feit dat die onderkleed "naatloos in een stuk geweef" was, gee te kenne dat Israel se hart teenoor God vanaf hulle voorvader, Jakob, goed gebly het en het onder geen omstandighede geweifel nie.

Deur die Twaalf Afstammelinge na die tyd van Abraham, Isak, en Jakob, het hulle 'n nasie gevorm en die mense van Israel het vasgehou aan die suiwerheid van hulle nasie, sonder onderlinge huwelike met die nie-Jode. Na die verdeling in die Koninkryk van Israel in die noorde en die Koninkryk van Juda in die suide, het die mense in die noordelike koninkryk geondertrou, maar die mense van Juda het 'n homogene nasie gebly. Selfs vandag, behou die Jode hulle identiteit wat terugdateer, na die tye van hulle vaders van geloof.

Daarom, selfs hoewel Jesus se boklere in vier stukke geskeur was, het Sy onderkleed ongeskonde gebly. Dit beteken dat terwyl die voorkoms van die staat van Israel mag verdwyn, die hart van die mense van Israel teenoor God en hulle geloof in Hom, nie uitgedoof kan word nie.

Omdat hulle hierdie onweifelende hart het, het God hulle uitverkies as Sy uitverkornes en deur hulle het Hy Sy plan en wil, tot vandag toe, tot stand gebring. Selfs na die verloop van duisende jare, bly die mense van Israel steeds streng by die Wet. Dit is omdat hulle Jakob se onveranderlike hart geërf het.

As gevolg hiervan, ongeveer 1,900 jaar nadat hulle hul land verloor het, het die mense van Israel op 14 Mei 1948 die wêreld geskok, met die verklaring van hulle onafhanklikheid en die herstelling van hulle staatsvorm.

Ek sal julle tussen die nasies uit wegvat, julle uit al die lande bymekaarmaak en julle na julle land toe bring (Esegiël 36:24).

Julle sal in die land woon wat Ek aan julle voorvaders gegee het, julle sal my volk wees en Ek sal julle God wees (Esegiël 36:28).

Soos reeds in die Ou Testament voorspel, "Jy sal na 'n lang tyd, in die verre toekoms, bevel kry en na 'n land toe gaan," die mense van Israel sal weer bymekaarkom in Palestina en begin om 'n staat te stig (Esegiël 38:8). Buitendien, deur te ontwikkel in een van die wêreld se magtigste lande, het Israel weereens aan die res van die wêreld hulle beter karaktereienskappe as 'n nasie bevestig.

God Wens dat Israel vir Jesus se Wederkoms Voorberei

God wens dat die nuut-herstelde Israel die Wederkoms van die Messias sal verwag en daarvoor voorberei. Jesus het na die land van Israel ongeveer 2,000 jaar gelede gekom, en die voorsiening van die saligheid vir die mensdom volledig vervul, asook die Saligmaker en Messias vir hulle geword. Toe Hy na die hemel opgevaar het, het Hy belowe om weer terug te kom en nou wil God hê, dat Sy uitverkorenes op die terugkeer van die Messias met ware geloof moet wag.

Wanneer die Messias, Jesus Christus weer kom, sal Hy nie in

'n slordige stal bly, of aan 'n kruis hoef te ly, op die manier wat Hy twee duisend jaar gelede gestraf was nie. In plaas daarvan sal Hy op bevel van die hemelse gasheer en engele na hierdie wêreld terugkeer, as die Koning van konings en die Here van heerskappye in die glorie van God, vir die hele wêreld om te sien.

Kyk, Hy kom met die wolke, en al die mense sal Hom sien, ook hulle wat Hom deurboor het; en al die volke van die aarde sal oor Hom in selfverwyt weeklaag. Ja, dit is seker! (Openbaring 1:7).

Wanneer die bestemde tyd kom, sal alle mense, gelowiges en ongelowiges ingesluit, die Here se Wederkoms in die lug kan sien. Op daardie dag, sal diegene wie in Jesus as die Saligmaker van die hele mensdom glo, tot in die wolke opgelig word en deelneem aan die Huweliksfees in die lug, maar die res sal agtergelaat word om te treur.

Net soos wat God die eerste mens, Adam, geskep het en die ontwikkeling van die mensdom begin het, sal daar sekerlik ook 'n einde daaraan kom. Net soos wat 'n landbouer saad saai en die opbrengs oes, sal daar ook 'n oestyd vir die ontwikkeling van die mensdom kom. God se ontwikkeling van die mensdom sal met die Wederkoms van die Messias, Jesus Christus, voltooi wees.

Jesus vertel vir ons in Openbaring 22:7, "Kyk, Ek kom gou! Geseënd is elkeen wat die woorde van hierdie profetiese boek ter harte neem." Ons tyd in die laaste dae. In Sy onmeetbare liefde vir Israel, het God aangehou om Sy mense deur hulle geskiedenis in te lig, sodat hulle die Messias kon aanneem. God het ernstig gewens, dat nie alleenlik Sy uitverkore Israel, maar ook die hele mensdom moet Jesus Christus ontvang, voordat die einde van die menslike ontwikkeling plaasvind.

Die Hebreeuse Bybel, aan die Christene bekend as die Ou Testament

Hoofstuk 3

Die God in Wie Israel Glo

Die Wet en die Tradisie

Terwyl God Sy uitverkore mense uit Egipte gelei het, na die beloofde land van Kanaän, het Hy na die top van Sinaiberg afgedaal. Toe het die Here vir Moses, die leier van die Uittog, geroep en vir Hom gesê dat die priesters hulleself moet heilig, wanneer hulle vir God nader. Ter aanvulling, God het vir die mense die Tien Gebooie en baie ander wette, deur Moses gegee.

Moses het toe al die gebooie en bepalings van die Here aan die volk gaan bekend maak. Hulle het soos een man gesê: "Ons sal alles doen wat die Here beveel het" (Eksodus 24:3) Maar terwyl Moses op Sinaiberg was, ooreenkomstig God se roepstem, het hulle dat Aäron vir hulle 'n beeld soos 'n kalf maak, daarna het hulle die groot sonde gepleeg deur die afgod te aanbid.

Hoe is dit dat hulle God se uitverkore mense kan wees, en so 'n groot sonde kan pleeg? Alle mense sedert Adam, wie die sonde van ongehoorsaamheid gepleeg het, is afstammelinge van Adam en almal was met sondige nature gebore. Hulle was tot sonde gedwing, voordat hulle heilig geword het, deur hulle hart te reinig. Dit is waarom God Sy enigste Seun, Jesus, gestuur het en deur Jesus se kruisiging, het Hy die hek geopen waardeur die mensdom van al hulle sondes vergewe kon word.

Waarom dan, het God vir die mense die wet gegee? Die Tien

Gebooie wat God vir hulle deur Moses gegee het, saam met die voorskrifte en die bepalings is bekend as die wet.

Deur die Wet het God vir hulle in die Land wat Oorloop van Melk en Heuning Ingelei

Die rede en doel, waarom God die wet vir die mense van Israel gedurende die Uittog vanaf Egipte gegee het, was sodat hulle die seëning kon geniet, waardeur hulle die land van Kanaän, wat oorloop van melk en heuning, kon ingaan. Die mense het die wet direk van Moses ontvang, maar hulle het nie die bepalings van God gehoorsaam nie, en het baie sondes gepleeg, insluitend afgode-aanbidding en owerspel. Ten slotte het die meeste van hulle in sonde, gedurende die veertig jaar se lewe in die woestyn gesterf.

Die Boek van Deuteronomium was opgeteken, ooreenkomstig die laaste woorde van Moses en delf in die bepalings van God en die wette. Toe die meeste van die eerste generasie van die Uittog gesterf het, behalwe Josua en Kaleb, en die einde van Moses se leiding van Israel nadergekom het, het Moses ernstig die tweede en derde generasie van die Uittog vermaan, om God lief te hê en Sy gebooie te gehoorsaam.

En nou, Israel, die Here jou God vra net dat jy Hom moet eer, sy wil moet gehoorsaam, Hom moet liefhê en dien met hart en siel. Gehoorsaam die gebooie en voorskrifte wat die Here jou vandag deur my gee. Dit sal tot jou voordeel wees

(Deuteronomium 10:12-13).

God het vir hulle die wet gegee, omdat Hy wou gehad het dat hulle dit vrywilliglik uit die hart moes gehoorsaam, en om hulle liefde vir God deur hulle gehoorsaamheid te bevestig. God het nie die wet vir hulle gegee, om hulle te beperk of om hulle enigsins te bind nie, maar Hy wou hulle harte van gehoorsaamheid aannneem, en vir hulle seëninge gee.

Hierdie gebooie wat ek jou vandag gegee het, moet in jou gedagtes bly. Jy moet dit inskerp by jou kinders en met hulle daaroor praat as jy in jou huis is en as jy op pad is, as jy gaan slaap en as jy opstaan. Jy moet dit as herinneringsteken vasbind aan jou hande, en dit moet 'n merk op jou voorkop wees. Skryf dit op jou deurkosyne en op jou stadspoorte (Deuteronomium 6:6-9).

Deur hierdie verse het God vir hulle vertel, hoe om die wet in hulle harte te dra, dit te verkondig en te beoefen. Deur die eeue, word die gebooie en bepalinge van God, soos geskrywe in die Vyf Boeke van Moses, steeds gememoriseer en onderhou, maar die fokus om die wet te eerbiedig, word uitwendig vertoon.

Die Wet en die Ouderlinge se Tradisie

Byvoorbeeld, die wet beveel dat die Sabbatdag geheilig moet word, en die ouderlinge reguleer die baie tradisies breedvoerig, wat kan lei tot die nakoming van bevele soos die voorkoming van die gebruik van outomatiese deure, hysbakke en roltrappe asook die oopmaak van besigheidsbriewe, paspoorte en ander pakkies. Hoe het die tradisies van die ouderlinge ontstaan?

Toe die Tempel van God verwoes was en die mense van Israel na die Babiloniese Gevangeskap weggeneem was, het hulle gedink dit was omdat hulle daarin gefaal het, om God met hulle hele hart te dien. Dit was nodig om God meer behoorlik te dien en om die wet van toepassing te maak, op die situasies wat met die verloop van tyd sou verander, dus het hulle baie streng regulasies gemaak.

Hierdie regulasies was vasgestel, met die doel om God met hart en siel te dien. Met ander woorde, hulle het baie streng regulasies vasgestel, wat elke aspek van die lewe omskryf het, sodat hulle die wet in hulle daaglikse lewens kon onderhou.

Somtyds speel die streng regulasies die beskermingsrol van die wet. Maar met die verloop van tyd mis hulle die ware betekenis wat in die wet ingesluit is, en heg groter belangrikheid aan die uiterlike uitdrukking, deur die wet in ag te neem. Op hierdie wyse wyk hulle af van die wet se ware betekenis.

God sien en aanvaar die hart van elkeen wie eerder die wet onderhou, as om die belangrikheid op die uiterlike uitdrukking te plaas, of om die wet deur dade te eerbiedig. Dus, Hy het die wet opgestel, sodat daar na diegene gesoek kan word wie Hom regtig eer, en om seëninge aan daardie te gee wie Hom gehoorsaam. Hoewel dit gelyk het of baie mense van die Ou Testamentiese tye die wet onderhou, was daar terselfdertyd ook baie wie die wet verbreek het.

"Was daar maar iemand onder julle wat die tempel se deure wou toesluit, sodat julle nie my altaar tevergeefs aan die brand hou nie! Ek hou nie van julle nie, sê die Here die Almagtige, en Ek wil nie 'n offer van julle hê nie" (Maleagi 1:10).

Toe die leermeesters van die wet en die ouderlinge teen Jesus gelaster en ook Sy dissipels veroordeel het, was dit nie omdat Jesus en Sy dissipels die wet verontagsaam het, maar omdat hulle die tradisie van die ouderlinge geskend het. Dit is goed in die Evangelie van Matteus beskryf.

"Hoekom verontagsaam u dissipels die oorgelewerde gebruike van die voorgeslagte? As hulle gaan eet, was hulle nie hulle hande nie" (Matteus 15: 2).

Op daardie stadium het Jesus vir hulle ingelig, dat dit nie die gebooie van God was wat verbreek was, maar eerder die tradisies van die ouderlinge wat verbreek was. Natuurlik, dit is belangrik om die wet deur handeling uiterlik te eerbiedig, maar dit is belangriker om die wil van God te besef, wat in die wet vasgelê is.

En Jesus antwoord hulle deur te sê,

Waarom verontagsaam julle self die gebod van God ter wille van julle oorgelewerde gebruike? Het Jesus geantwoord. "God het tog gesê: 'Eer jou vader en jou moeder' en: 'Wie sy vader of sy moeder vloek, moet sekerlik doodgemaak word.' Maar julle bepaal: 'As iemand vir sy pa of sy ma sê: Die hulp wat u van my sou kon kry, maak ek 'n offergawe vir God, dan hoef hy nie meer sy plig teenoor sy pa na te kom nie.' So ontneem julle die woord van God sy gesag ter wille van julle oorgelewerde gebruike (Matteus 15:3-6).

In die volgende verse het Jesus ook gesê,

Huigelaars! Die profeet Jesaja het julle mooi opgesom toe hy gesê het: "Hierdie volk eer My met hulle mond, maar hulle hart is ver van My af. Dit help niks dat hulle My probeer dien deur leerstellings van mense as gebooie van God voor te hou nie" (Matteus 15:7-9).

Toe het Jesus die menigte nader geroep en vir hulle gesê,

"Julle moet nou luister en mooi verstaan! Dit is nie wat by die mond ingaan wat die mens onrein maak nie. Maar wat by die mond uitkom, dit maak 'n mens onrein" (Matteus 15:10-11).

Die kinders van God moet hulle ouers eer, soos in die Tien Gebooie geskrywe. Maar die Fariseërs het vir die mense geleer, dat die kinders wie hulle ouers dien en eer met hulle besittings, kan uitgesluit word van hulle plig, indien hulle verklaar dat hulle besittings aan God geoffer gaan word. Hulle het so baie regulasies van elke aspek van die lewe in volle besonderhede gemaak, dat die nie-Jode dit enigsins kon waag, om al hierdie tradisies van die ouderlinge streng te eerbiedig, terwyl hulle gedink het dat hulle goed doen, as God se uitverkorenes.

Die God In Wie Israel Glo

Toe Jesus die siekes op die Sabbatdag genees het, het die Fariseërs vir Jesus veroordeel, omdat Hy die Sabbat geskend het. Eendag het Jesus die sinagoge binnegegaan en gesien dat 'n man met 'n uitgedorde hand voor die Fariseërs gestaan het. Jesus was van voorneme, om hulle te laat ontwaak en vir hulle die volgende gevra,

Mag 'n mens op die Sabbatdag goed doen of kwaad doen, iemand red of doodmaak? (Markus 3:4)

Wie van julle sal nie die een skaap wat hy het en wat op 'n Sabbatdag in 'n sloot val, dadelik uithaal nie? Hoeveel is 'n mens nie meer werd as 'n skaap nie? Dan mag 'n mens mos op die Sabbatdag goed doen (Matteus 12:11-12).

Omdat die Fariseërs voorheen met raamwerke van die wet gevul was, gevorm binne die tradisies van die ouderlinge en die self-gesentreerde gedagtes en gewoontes van die lewe, het hulle nie alleenlik gefaal om die ware wil van God te besef, maar ook gefaal om Jesus, wie na die aarde as die Saligmaker gekom het, te herken.

Jesus het dikwels na hulle uitgereik en aangemoedig, om te

bely en van hulle verkeerde weë weg te beweeg. Hy het hulle berispe, omdat hulle die ware doel van God versuim, hoekom Hy vir hulle die wet gegee het, en verander het asook verwaand die uiterlike dade van die wet nakom.

Ellende wag vir julle, skrifgeleerdes en Fariseërs, huigelaars! Julle gee tiendes van kruisement, anys, en koljander, maar wat volgens die wet van God die swaarste weeg, laat julle na: geregtigheid, barmhartigheid en betroubaarheid. Juis hierdie dinge moet 'n mens doen en die ander nie nalaat nie (Matteus 23:23).

Ellende wag vir julle, skrifgeleerdes en Fariseërs, huigelaars! Julle maak die buitekant van die beker en die skottel skoon, maar binne is hulle vol hebsug en onmatigheid (Matteus 23:25).

Die mense van Israel, wie onder die beheer van die Romeinse Keiserryk was, het die prentjie in hulle gedagtes geskets, dat die Messias uit hulle met groot krag en eer sal voortkom, en die Messias sal instaat wees om hulle uit die hande van die onderdrukkers te bevry, en oor al die rasse van alle nasies te regeer.

Intussen is 'n man van 'n skrynwerker gebore; hy het geselskap gehou met die verlatenes, die siekes en die sondaars; hy het vir God "Vader" genoem en bely dat Hy is die Lig van die wêreld. Toe hy hulle oor hulle sondes berispe het, was hulle wie die wet volgens hulle eie standaard onderhou het, en hulleself as regverdig verklaar het, in hulle harte deurboor en deur sy woorde geraps, terwyl hulle hom sonder rede gekruisig het.

God Wil dat Ons Liefde en Vergifnis moet Hê

Die Fariseërs het die regulasies van Judaïsme streng nagekom, en vir lang jare die gewoontes en tradisies, so kosbaar as hulle lewens beskou. Hulle het die tollenaars, wie vir die Romeinse Keiserryk gewerk het, soos sondaars behandel en hulle vermy.

Aan die begin in Matteus 9:10 word gesê, dat Jesus aan tafel was in die huis van die tollenaar, Matteus, en baie tollenaars en sondaars het saam met Jesus en Sy dissipels kom eet. Toe die Fariseërs dit sien, het hulle vir Sy dissipels gesê, "Waarom eet julle leermeester saam met tollenaars en sondaars?" Toe Jesus gehoor het dat hulle Sy dissipels veroordeel, het Hy vir hulle die hart van God verduidelik. God het Sy onfeilbare liefde en genade aan enigeen gegee wie die sondes uit sy hart bely, en daarvan wegbeweeg.

Matteus 9:12-13 vervolg, Maar Jesus het dit gehoor en gesê, "Dié wat gesond is, het nie 'n dokter nodig nie, maar dié wat siek is. Gaan leer wat dit beteken: 'Ek verwag barmhartigheid en nie offers nie.' Ek het nie gekom om mense te roep wat op die regte pad is nie, maar sondaars.'"

Toe die sondigheid van die mense van Ninevi die hemel bereik het, was God op die punt om die stad van Ninevi te verwoes. Maar voordat Hy dit wou doen, het God Sy profeet, Jona, gestuur sodat hulle hul sondes moes bely. Die mense het gevas en deeglik hulle sondes bely, en God het Sy besluit om hulle te verwoes, laat vaar. Nietemin, dit was die Fariseërs wie gedink het, dat vir enigiemand wie die wet verbreek het, was daar geen ander keuse as om geoordeel te word nie. Die belangrikste deel van die wet is, onfeilbare liefde en vergifnis, maar die Fariseërs het gedink dat die veroordeling van iemand is meer korrek en waardevol, as om iemand met liefde te vergewe.

Op dieselfde wyse, wanneer ons nie die hart van God verstaan, wie vir ons die wet gegee het, word ons gedwing om alles met ons eie gedagtes en teorië te beoordeel, terwyl daardie oordele foutief en teen God bevind sou word.

God se Ware Doel om die Wet te Gee

God het die hemele en die aarde en alles daarin geskep en die mens gemaak, met die doel om ware kinders te verkry wie se hart soos Sy hart geword het. Vir hierdie doel het God vir Sy mense gesê, "wees heilig, want Ek is heilig" (Levitikus 11:44). Hy meen dat ons Hom moet vrees, wanneer ons nie goddelik in voorkoms is, maar word blaamloos deur sondes uit die hart te verwyder.

In Jesus se tyd het die Fariseërs en skrifgeleerdes 'n baie groter belangstelling in offergawes gehad en in die handelinge om die wet te eerbiedig, eerder as om hulle harte te heilig. God is verheug oor 'n gebroke en berouvolle hart, eerder as offerandes (Psalm 51:16-17), dus het Hy vir ons die wet gegee, om ons sondes te bely en daarvan deur die wet weg te draai.

God se Ware Wil Ingesluit in die Wet van die Ou Testament

Dit was net nie reg, dat die mense van Israel se handelinge om die wet te eerbiedig, nie hulle liefde vir God enigsins insluit nie. Maar die eintlike ding wat God van hulle verlang het om te doen, was om hulle harte te heilig en Hy het hulle ernstig deur die profeet Jesaja berispe.

"Wat het Ek aan julle baie offers?" vra die Here. "Ek is sat van die brandoffers van ramme en die vet van voerbeeste; die bloed van bulle en lammers en bokke staan My nie aan nie. As julle kom om voor my te verskyn, wie het julle gevra om my voorhowe te kom vertrap? Moenie langer julle nuttelose offergawes bring nie: Ek het 'n afsku van julle wierookoffers. Nuwemaansfeeste, sabbatsvierings, die uitroep van feesdae: Ek verdra nie feesviering met onreg saam nie" (Jesaja 1:11-13).

Die ware betekenis om die wet te eerbiedig, bestaan nie uit die uiterlike handeling nie, maar in die bereidwilligheid van die innerlike hart. Dus, God is nie verheug oor die veelvoudige offergawes wat slegs uit gewoonte en oppervlakkige handeling geoffer word, of die besoek van heilige plekke nie. Ongeag, hoeveel offerandes hulle ooreenkomstig die wet offer, is God nie daaroor verheug, omdat hulle harte nie in ooreenstemming met God se wil is nie.

Dit is dieselfde met ons gebede. In ons gebede is dit nie die handeling tydens ons gebede wat belangrik is, maar die gesindheid van ons harte in gebede, is baie belangriker. Die psalmdigter sê in Psalm 66:18, "As daar sonde in my hart was, sou die Here nie geluister het nie."

God laat die mense deur Jesus weet, dat Hy nie verheug is oor gebede wat skynheilig of windmakerig is, maar slegs ernstige gebede uit die hart.

Verder, as julle bid, moet julle nie soos die skynheiliges wees nie. Hulle hou daarvan om in die sinagoges en op die straathoeke te staan en bid sodat die mense hulle kan sien. Dit verseker Ek julle: Hulle het hulle belonging klaar weg. Nee, as jy bid, gaan na jou kamer toe, maak die deur toe en bid tot jou Vader wat jy nie kan sien nie. Jou Vader wat sien wat verborge is, sal jou beloon (Matteus 6:5-6).

Dieselfde gebeur wanneer ons, ons sondes bely. Wanneer ons, ons sondes bely, wil God nie hê dat ons ons klere moet skeur en met as moet ween, maar ons moet eerder ons harte gee en ons sondes uit die hart bely. Die handeling van die berou self is nie belangrik en wanneer ons ons sondes uit die hart bely en daarvan wegdraai, aanvaar God die berou.

Maar nou sê die Here: "Kom met julle hele hart terug na My toe, vas, huil en treur! Skeur julle harte, nie julle klere nie. Kom terug na die Here julle God toe: Hy is genadig en barmhartig; Hy is lankmoedig en vol liefde. Hy is bereid om straf te herroep" (Joël 2:12-13).

Met ander woorde, God wil die harte aanneem van die daders van die wet eerder as die handeling of waarneming van die wet self. Dit word as die "wyding van die hart" in die Bybel beskryf. Ons kan ons liggame reinig deur die verwydering van ons voorhuid, terwyl ons gereinig kan word deur 'n sondesnit van die hart se wand.

Die Wyding van die Hart wat God Verlang

Na wat verwys die wyding van die hart in besonderheid? Dit verwys na die "afsnyding en weggooi van alle soorte euwels en sondes insluitend afguns, jaloesie, humeurigheid, kwade gevoelens, owerspel, valsheid, misleiding, oordeel en veroordeling uit die hart." Wanneer jy alle sondes en euwels uit jou hart uitsny en die wet eerbiedig, aanvaar God dit as volmaakte gehoorsaamheid.

Wy julle aan die diens van die Here, en verwyder alle ontrou uit julle harte, mense van Juda, inwoners van Jerusalem, sodat my toorn oor julle bose dade nie losbreek soos 'n vuur en bly brand sonder dat dit geblus word nie (Jeremia 4:4).

Wy jou aan Hom en moenie hardkoppig wees nie (Deuteronomium 10:16).

Egipte, Juda, Edom, die Ammoniete of Moab of die woestynbewoners wat hulle koppe aan die kante kaal skeer, want al hierdie volke is tog maar onbesnede, en die hele Israel is onbesnede van hart, hulle is ontrou aan My (Jeremia 9:26).

Die Here jou God sal jou lewe en die lewe van jou nageslag aan Hom wy, sodat jy Hom sal liefhê met hart en siel. Dan sal jy lewe (Deuteronomium 30:6).

Dus, die Ou Testament spoor ons dikwels aan om ons harte te reinig, omdat slegs diegene wie se harte gereinig is, kan God met hulle hele hart en siel liefhê.

God wil hê, dat Sy kinders heilig en volmaak moet wees. In Genesis 17:1, vertel God vir Abraham om "opreg," te wees en in Levitikus 19:2, beveel Hy die mense van Israel om "heilig" te wees.

Johannes 10:35 sê, "God noem hulle tot wie sy woord gekom het, dus 'gode' en wat daar geskrywe staan, kan nie verander word nie," en 2 Petrus 1:4 sê, "Deur dit te doen, het Hy ons die kosbaarste en allergrootste gawes geskenk wat Hy belowe het. Daardeur kan julle die verderf ontvlug wat deur begeerlikheid in die wêreld werksaam is, en deel kry aan die Goddelike natuur."

In Ou Testamentiese tye was hulle gered deur die handelinge om die wet waar te neem, terwyl in die Nuwe Testamentiese tye kan ons gered word, deur die geloof in Jesus Christus wie die wet met liefde vervul het.

Saligheid deur handelinge in Ou Testamentiese tye was moontlik, toe hulle sondige begeertes soos moord, haat, pleeg van owerspel, en leuens gehad het, maar dit nie deur handelinge gepleeg het nie. In Ou Testamentiese tye het die Heilige Gees nie in hulle gewoon, en hulle kon nie sondige begeertes, met hul eie krag verwerp nie. Dus, wanneer hulle nie sonde deur uiterlike handelinge gepleeg het, was hulle nie as sondaars beskou nie.

Nogtans, in Nuwe Testamentiese tye, kan ons slegs saligheid verkry, wanneer ons ons harte deur geloof reinig. Die Heilige Gees laat ons besef oor sonde, geregtigheid en oordeel en help ons om volgens die Woord van God te lewe, sodat ons onwaarhede en sondige nature kan verwerp en ons harte kan reinig.

Saligheid deur die geloof in Jesus Christus word nie eenvoudig net gegee, wanneer iemand weet en glo dat Jesus Christus die Saligmaker is nie. Slegs wanneer ons sondes uit ons hart verwyder, omdat ons God liefhet en in die waarheid deur geloof wandel, sal God dit as ware geloof beskou en ons nie alleenlik lei om saligheid te verkry nie, maar ook op die weg na wonderlike antwoorde en seëninge.

Hoe om God te Behaag

Dit is natuurlik dat 'n kind van God nie deur handelinge behoort te sondig nie. Dit is ook normaal vir hom om onwaarhede en sondige begeertes uit die hart te verwyder, en om die heiligheid van God aan te neem. Indien jy nie sondes deur handelinge pleeg, maar dink aan sondige begeertes in jou wat God nie wil hê, dan kan jy nie deur God as regverdig beskou word nie.

Dit is waarom in Matteus 5:27-28 geskrywe staan, "Julle het gehoor dat daar gesê is: 'Jy mag nie egbreuk pleeg nie. Maar Ek sê vir julle: Elkeen wat na 'n vrou kyk en haar begeer, het reeds in sy hart met haar egbreuk gepleeg."
En in 1 Johannes 3:15 word gesê, "Elkeen wat sy broer haat, is 'n moordenaar; en julle weet dat geen moordenaar die ewige lewe in hom het nie." Hierdie vers dring daarop aan, dat ons van die haat in ons hart ontslae moet raak.

Hoe moet ons teenoor ons vyande, wie ons haat, optree in ooreenstemming met die innemende wil van God?

Die wet van die Ou Testamentiese tye sê vir ons, "'n Oog vir 'n oog en 'n tand vir 'n tand." Met ander woorde die wet sê, "Daar moet aan hom gedoen word wat hy aan sy medemens gedoen het" (Levitikus 24:20). Dit was om te voorkom, dat iemand 'n ander person beseer of benadeel, gepaardgaande met streng voorskrifte. Dit is omdat God weet dat die mensdom probeer om die ander party meer skade aan te doen, as wat aan hom gedoen was, as gevolg van sy sondigheid.

Koning Dawid was geprys as 'n person so na God se hart.

Toe Koning Saul hom probeer doodmaak het, het Dawid nie met enige kwade gevoelens gereageer vir die baie onregte wat Koning Saul hom aangedoen het nie, maar hom tot die einde met goedheid behandel. Dawid het die ware betekenis, soos in die wet uitgebeeld, gesien en slegs volgens die Woord van God gelewe.

Jy mag nie wraak neem of 'n grief koester teenoor jou volksgenoot nie, jy moet jou naaste liefhê soos jouself. Ek is die Here (Levitikus 19:18).

Moet jou nie verheug oor jou vyand se val nie, moenie juig wanneer hy ondergaan nie (Spreuke 24:17).

As iemand wat jou haat, honger is, gee hom iets om te eet; as hy dors is, gee hom iets om te drink (Spreuke 25:21).

Julle het gehoor dat daar gesê is: "Jou naaste moet jy liefhê en jou vyand moet jy haat." Maar Ek sê vir julle: Julle moet julle vyande liefhê, en julle moet bid vir dié wat vir julle vervolg (Matteus 5:43-44).

Ooreenkomstig tot die bogenoemde verse, indien dit lyk asof jy die wet eerbiedig, maar nie 'n ander persoon wie vir jou probleem veroorsaak het vergewe nie, dan is God nie met jou tevrede nie. Dit is omdat God vir ons gesê het, om ons vyande lief te hê. Wanneer jy die wet eerbiedig en dit doen met 'n hart wat God van ons verlang, dan kan jy beskou word as iemand wie die Woord van God volkome gehoorsaam.

Die Wet, 'n Teken van God se Liefde

Die God van liefde wil vir ons eindelose seëninge gee, maar omdat Hy die God van regverdigheid is, het Hy geen ander keuse as om ons aan die duiwel te oorhandig, wanneer ons sondes pleeg. Dit is waarom sommige gelowiges in God ly weens siektes en ongelukke en rampe beleef, wanneer hulle nie volgens die Woord van God lewe nie.

God het vir ons baie bevele deur Sy liefde gegee, om ons teen daardie beproewinge en pyne te beskerm. Hoeveel instruksies gee ouers aan hulle kinders om hulle teen siektes en ongelukke te beskerm?

"Was jou hande wanneer jy by die huis terugkom."
"Borsel jou tande na ete."
"Kyk rond wanneer jy die straat oorsteek."

Op dieselfde wyse, het God vir ons gesê om Sy gebooie en voorskrifte te eerbiedig, tot ons voordeel deur Sy liefde (Deuteronomium 10:13). Om die Woord van God te bewaar en te beoefen, is soos 'n lamp op ons lewensreis. Ongeag hoe donker dit is, kan ons veilig die pad na ons bestemming met 'n lamp loop en om dieselfde rede, wanneer God wie die lig is met ons is, kan ons beskerm word en die voorreg en seëning van God se kinders geniet.

Hoe tevrede is God wanneer Hy Sy kinders beskerm wie Sy Woord gehoorsaam, met Sy skitterende oë terwyl Hy enigiets vir hulle gee, wat hulle ookal voor vra! Ooreenkomstig, kan daardie kinders hulle harte in skoon en goeie harte verander en God navolg, indien hulle die Woord van God onderhou en gehoorsaam, terwyl hulle die innige liefde van God ervaar, sodat hulle Hom selfs nog meer lief kan hê.

Daarom, die wet wat God vir ons gegee het, is soos die handboek van liefde wat die riglyn verteenwoordig tot die beste seëninge vir ons, wie op die aarde die ontwikkeling van God deurloop. Die wet van God bring nie vir ons laste mee, maar beskerm ons teen alle soorte van rampe in hierdie wêreld wat deur die vyandige duiwel en Satan regeer word, en dit lei ons op die pad na seëning.

Jesus het die Wet met Liefde Vervul

In Deuteronomium 19:19-21 kan ons dit in die Ou Testamentiese tye vind, wanneer die mense met hulle oë gesondig het, moes hulle oë uitgepluk word. Wanneer hulle met hulle hande of voete gesondig het, was hulle hande of voete afgekap. Wanneer hulle gemoor en owerspel gepleeg het, was hulle tot die dood gestenig.

Die wet van die geestelike koninkryk vertel vir ons dat die gevolg van ons sondes, die dood is. Dit is waarom God hulle wie onvergeeflike sondes pleeg, ernstig straf en daarom wil Hy baie ander mense waarsku, om nie dieselfde sondes te pleeg nie.

Maar die God van liefde was nie heeltemal tevrede met die vertroue waarmee hulle by die wet vasgehaak het deur te sê, "'n Oog vir 'n oog en 'n tand vir 'n tand" nie. In plaas daarvan, het Hy herhaaldelik in die Ou Testament beklemtoon, dat hulle hulle harte moet reinig. Hy wou nie gehad het dat Sy mense as gevolg van die wet pyne moes ervaar, dus toe die tyd kom, het Hy Jesus na die aarde gestuur en Hom al die sondes van die mensdom laat neem en die wet met liefde vervul.

Sonder Jesus se kruisiging, sou ons hande en voete afgekap word, wanneer ons met ons hande en voete sondes pleeg. Maar Jesus het die kruis opgeneem en Sy kosbare bloed gestort, deurdat Sy hande en voete vasgespyker was om al ons sondes weg te was, wat ons met ons hande en voete gepleeg het. Nou hoef ons nie ons hande en voete af te kap, as gevolg van God se groot liefde.

Jesus, wie een is met God se liefde, het na die aarde gekom en het die wet met liefde vervul. Jesus het die voorbeeldige lewe gelei, deur al God se wette na te kom.

Selfs terwyl Hy die wet volkome nagekom het, het Hy egter nie hulle veroordeel wie gefaal het daarin, om die wet te eerbiedig deur te sê, "Julle het die wet verbreek en is op die weg na die dood." In plaas daarvan, het Hy vir die mense dag en nag die waarheid geleer, sodat selfs een meer siel sy sondes kon bely en die saligheid bereik, sonder ophou het Hy gewerk en diegene genees en bevry wie vasgevang was deur siektes, swakhede en bose geeste.

Jesus se liefde was buitengewoon uitgebeeld toe 'n vrou, wie op heterdaad van owerspel uitgevang was, na Jesus deur die skrifgeleerdes en Fariseërs gebring was. In die 8ste hoofstuk van die Evangelie van Johannes, het die skrifgeleerdes en die Fariseërs die vrou na Hom gebring en vir Hom gevra, "Moses het ons in die wet beveel om sulke vrouens te stenig, maar U, wat sê U?" (v. 5) Jesus het toe gereageer en gesê, "Laat die een van julle wat 'n skoon gewete het, eerste 'n klip op haar gooi" (v. 7).

Deur daardie vraag aan hulle te vra, was Hy van voorneme om hulle te laat besef, dat nie alleenlik die vrou maar ook hulle hulself wie haar van owerspel aangekla het en probeer het om gronde te vind om Jesus te beskuldig, was dieselfde sondaars voor God en dat niemand dit kon durf waag om die ander een te veroordeel nie. Toe die mense dit gehoor het, was hulle skuldig bevind deur hulle gewetenswroegings en het een vir een van die oudste tot die jongste uitgegaan. En Jesus was alleen gelaat, met die vrou wie in sy midde staan.

Jesus het niemand gesien, behalwe die vrou en vir haar gesê, "Mevrou, waar is hulle? Het nie een van hulle die oordeel oor jou voltrek nie?" (v. 10) "Niemand nie, Here," sê sy. Toe sê Jesus: "Ek doen dit ook nie. Gaan maar en moet van nou af nie meer sonde doen nie" (v. 11).

Toe die vrou ingebring was en haar onvergeeflike sonde geopenbaar was, was sy neerslagtig en baie vreesbevange. Dus, toe Jesus haar vergewe het, kan jy jou voorstel hoe baie trane sy gestort het in diepe aandoening en uit dankbaarheid! Wanneer sy hierdie vergifnis onthou asook Jesus se liefde, sal sy dit nie waag om die wet te verbreek of om weer te sondig nie. Dit was moontlik gemaak, omdat sy Jesus ontmoet het wie die wet met liefde vervul het.

Jesus het die wet met liefde vervul, nie net vir hierdie vrou, maar ook vir alle mense. Hy het nie Sy lewe enigsins gespaar, en Sy lewe afgelê vir ons sondaars aan die kruis met dieselfde hart van ouers wie nie hulle lewens spaar, om hulle kinders te red wie besig is om te verdrink nie.

Jesus was onskuldig, vlekloos en die enigste gebore Seun van God, maar Hy het al die onbeskryflike pyne verdra, al Sy bloed en water uitgestort en Sy lewe aan die kruis vir ons sondaars afgelê. Sy kruisiging was die mees aandoenlike oomblik in die uitvoering van die grootste liefde, regdeur die geskiedenis van die mensdom.

Wanneer hierdie mag van Sy liefde oor ons kom, ontvang ons die krag om die wet volkome te onderhou en is in staat om die wet met liefde te vervul, op dieselfde wyse as wat Jesus dit gedoen het.

Indien Jesus nie die wet met liefde vervul het, maar in plaas daarvan enigeen geoordeel en veroordeel het deur die wet en Sy oë van sondaars weggedraai het, hoeveel mense sou in die wêreld gered kon word? Soos in die Bybel geskrywe staan, "Daar is nie een wat regvyrdig is nie, selfs nie een nie" (Romeine 3:10), niemand kan gered word nie.

Daarom, God se kinders wie van hulle sondes vergewe is, deur God se groot liefde moet Hom nie net liefhê, deur Sy gebooie met 'n nederige hart te onderhou, maar moet ook hulle naaste liefhê soos hulleself en hulle dien en vergewe.

Hulle Wie Ander deur die Wet Oordeel en Veroordeel

Jesus het die wet met liefde vervul en die Saligmaker vir die mensdom geword, maar wat het die Fariseërs, skrifgeleerders en die leermeesters van die wet gedoen? Hulle het daarop aangedring om die wet deur handelinge te eerbiedig, eerder as om hulle harte te reinig soos deur God verlang, maar hulle het gedink dat hulle die wet volkome eerbiedig het. Ter aanvulling, hulle het nie diegene vergewe wie nie die wet eerbiedig het, maar hulle geoordeel en veroordeel.

Maar ons God wil nooit hê, dat ons ander sonder genade en liefde oordeel en veroordeel nie. Ewemin wil Hy hê dat ons pyne moet ervaar, wanneer ons die wet eerbiedig, sonder om die liefde van God te ervaar. Indien ons die wet eerbiedig, maar daarin faal om God se hart te verstaan en faal om dit met liefde te doen, dan baat dit ons niks.

Al het ek die gawe om God se boodskap te verkondig en ken ek al die geheimenisse en besit ek al die kennis, en al het ek al die geloof om berge te versit, maar ek het geen liefde nie, dan is ek niks. Al deel ek al wat ek het aan ander uit, en al gee ek my liggaam prys om my daarop te kan beroem, maar ek het geen liefde nie, baat dit my niks (1 Korintiërs 13:2-3).

God is liefde, en Hy juig en seën ons wanneer ons iets in liefde doen. In Jesus se tyd het die Fariseërs daarin gefaal om liefde in hulle harte te hê, wanneer hulle die wet deur handelinge eerbiedig het, daarom het dit hulle niks gebaat. Hulle het ander met die kennis van die wet geoordeel en veroordeel, en dit het veroorsaak dat hulle ver weg van God gebly het, en gelei het tot die Seun van God se kruisiging.

Wanneer Jy die Ware Wil van God Verstaan soos in die Wet Ingesluit

Selfs in Ou Testamentiese tye was daar groot geloofsvaders wie die ware wil van God in die wet verstaan het. Die geloofsvaders insluitend Abraham, Josef, Moses, Dawid en Elisa het nie alleenlik die wet onderhou, maar hulle het ook hulle beste probeer om ware kinders van God te word, deur ywerig hulle harte te reinig.

Nogtans, toe Jesus deur God as die Messias gestuur was, sodat die Jode kan weet van die God van Isak en die God van Jakob, was hulle nie in staat gewees, om Hom te herken nie. Dit was omdat hulle verblind was, deur die raamwerke van die ouderlinge se tradisie en handelinge, om die wet te eerbiedig.

Om plegtig te verklaar dat Hy die Seun van God is, het Jesus verbasende wonderwerke en wonderbaarlike tekens uitgevoer, wat net met die krag van God moontlik is. Maar hulle kon nie vir Jesus herken of Hom as die Messias ontvang nie.

Maar, dit was anders vir daardie Jode met goeie harte. Wanneer hulle na Jesus se boodskappe geluister het, het hulle in Hom geglo en wanneer hulle wonderbaarlike tekens gesien het wat Jesus uitgevoer het, het hulle geglo dat God met Hom was. In die 3de hoofstuk van die Evangelie van Johannes, het 'n Fariseër met die naam "Nikodemus" na Jesus gekom en vir Hom die volgende gesê:

Rabbi, ons weet dat u 'n leermeester is wat van God af gekom het, want niemand kan hierdie wondertekens doen wat u doen, as God nie by hom is nie (Johannes 3:2).

Die God van Liefde Wag vir Israel se Terugkoms

Waarom dan, het die Jode daarin gefaal om Jesus, wie na die aarde as die Saligmaker gekom het, te herken? Hulle het raamwerke van die wet in hulle eie gedagtes gevorm en geglo dat hulle God liefhet en Hom dien, verder was hulle nie gewillig om dinge te aanvaar wat van hulle raamwerke verskil het nie.

Totdat hy die Here Jesus ontmoet het, het Paulus vas geglo dat, om die wet en die tradisie van die ouderlinge ten volle te eerbiedig, was om God lief te hê en Hom te dien. Dit is waarom hy nie Jesus as die Saligmaker aangeneem het, maar eerder Hom en Sy gelowiges vervolg het. Nadat hy die opgestane Here Jesus op die pad na Damaskus ontmoet het, was sy raamwerk volkome in stukke gebreek, en het hy 'n apostel van sy Here, Jesus Christus geword. Vanaf daardie tyd verder, sou hy selfs sy lewe vir die Here gegee het.

Hierdie begeerte om die wet te onderhou, is die diepste wese van die Jode en die sterkpunt van Israel, God se uitverkorenes. Dus, so gou as wat hulle God se ware wil herken soos in die wet ingesluit, sal hulle in staat wees om God meer lief te hê, as enige ander mense of ras en met hulle lewens aan God getrou wees.

Toe God die mense van Israel uit Egipte gelei het, het Hy vir hulle al die wette en gebooie deur Moses gegee en vir hulle gesê, wat Hy regtig wil hê dat hulle moet doen. Hy het vir hulle belowe dat indien hulle vir God liefhet en hulle hul harte reinig in ooreenstemming met Sy wil, sal Hy met hulle wees en vir hulle wonderlike seëninge gee.

Wanneer jy terugkom na die Here jou God en Hom gehoorsaam en jy en jou kinders met hart en siel doen wat ek jou vandag beveel het, sal die Here jou God jou omstandighede verander. Hy sal jou jammer kry en jou weer bymekaarmaak van oral af waarheen Hy jou tussen die volke verstrooi het. Al is jy verdryf tot in die uithoeke van die aarde, die Here jou God sal jou daar gaan bymekaarmaak en van daar af gaan haal. Hy sal jou terugbring na die land toe wat deur jou voorvaders besit is en jy sal dit in besit neem, en die Here sal aan jou goeddoen en jou meer laat word as jou voorvaders was. Die Here jou God sal jou lewe en die lewe van jou nageslag aan Hom wy, sodat jy Hom sal liefhê met hart en siel. Dan sal jy lewe, en die Here jou God sal al hierdie strawwe laat neerkom op jou vyande en op jou haters wat jou agtervolg. Dan sal jy terugkom na die Here en Hom gehoorsaam en volgens al sy gebooie lewe wat ek jou vandag beveel (Deuteronomium 30:2-8).

Soos wat God Sy uitverkore mense, Israel, in hierdie verse belowe het, het Hy Sy mense wie regoor die wêreld versprei was bymekaar gemaak, sodat hulle hul land na 'n paar duisend jaar weer kon terugneem en het hulle hoog bo al die nasies van die aarde verhewe. Nietemin, Israel het daarin gefaal om God se groot liefde deur die kruisiging te herken, asook Sy verbasende voorsiening om die mensdom te skep en te ontwikkel, maar steeds die handelinge gevolg om die wet en die tradisies van die ouderlinge te eerbiedig.

Die God van liefde het gretig gewens en vir hulle gewag, om hulle eie verdraaide gelowe op te gee, te verander en ware kinders so spoedig moontlik te word. Eerstens, moes hulle hul harte open en Jesus aanneem, wie deur God gestuur was as die Saligmaker van die hele mensdom om die vergifnis van hulle sondes te ontvang. Volgende, moes hulle die ware wil van God deur die wet besef, en ware geloof besit deur ywerig die Woord van God te onderhou, deur die reiniging van hulle harte sodat hulle volkome saligheid kan bereik.

Ek bid ernstig dat Israel die verlore beeld van God deur die geloof, wat vir God behaaglik is, sal herstel en Sy ware kinders sal word, sodat hulle al die seëninge kan geniet wat God belowe het en kan woon in die glorie van die ewige hemel.

Die Koepel van die Rots, 'n Islamitiese Moskee, geleë in die heilige stad van Jerusalem

Hoofstuk 4

Waak en Luister!

Naby die Eindtyd van die Wêreld

Die Bybel verduidelik onomwonde, vir ons omtrent beide die begin en die einde van die mensdom se geskiedenis. Vir 'n paar duisend jaar reeds, het God vir ons deur die Bybel vertel, aangaande Sy geskiedenis van die menslike ontwikkeling. Die geskiedenis begin met die eerste mens op die aarde, Adam, en sal tot 'n einde kom met die Here se Wederkoms in die lug.

Wat is die tyd nou op God se horlosie van die geskiedenis van die menslike ontwikkeling, hoeveel dae en ure is nog oor, alvorens die horlosie die laaste oomblikke van die menslike ontwikkeling aftik? Nou laat ons delf in hoe die God van liefde dit beplan het en Sy wil vasgestel het, om Israel op die pad na saligheid te lei.

Vervulling van die Voorspellings in die Bybel Gedurende die Menslike Geskiedenis

Daar is baie voorspellings in die Bybel en almal daarvan, is die Woord van die Almagtige God, die Skepper. Soos in Jesaja 55:11 gesê word, "So sal die woord wat uit My mond kom, ook wees: dit sal nie onverrigter sake na My toe terugkeer nie, maar dit sal doen wat Ek gedoen wil hê en tot stand bring waarvoor Ek dit gestuur het." God se Woord was tot dusver presies so vervul en elke woord sal vervul word.

Die geskiedenis van Israel bevestig vanselfsprekend, dat die voorspellings van die Bybel presies vervul is, sonder die geringste fout. Die geskiedenis van Israel is behaal, presies ooreenkomstig die voorspellings wat in die Bybel opgeteken is: Israel se 400 jaar van gevangeskap in Egipte en die Uittog; hulle binnegaan van die land van Kanaän wat oorloop van melk en heuning; hulle koninkryk se verdeling in twee – Israel en Juda en hulle vernietiging; Die Babiloniese Gevangenskap; Israel se terugkoms huis toe; die geboorte van die Messias, die Messias se kruisiging; Israel se vernietiging en verspreiding na al die nasies en Israel se herstelling as 'n nasie en onafhanklikheid.

Die geskiedenis van die mensdom is onder die beheer van die God Almagtig, en wanneer Hy iets belangrik tot stand bring, dan sê Hy vooruit aan die mense van God wat gaan gebeur (Amos 3:7). God het vir Noag, 'n man wie regverdig en blaamloos in sy tyd was, vooruitgesê dat die Groot Vloed die hele aarde gaan verwoes. Hy het vir Abraham vertel dat die stede van Sodom en Gomorra verwoes gaan word en Hy het die profeet Daniël en die apostel Johannes ingelig, oor wat tydens die wêreld se eindtyd sal gebeur.

Die meeste van hierdie voorspellings soos in die Bybel opgeteken, is presies so vervul en die voorspellings wat nog vervul moet word, is die Here se Wederkoms en 'n paar ander dinge wat na dit sal volg.

Tekens van die Eeue se Einde

Ongeag vandag hoe ernstig ons ookal verduidelik, dat die eindtyd nou is, wil baie mense dit nie glo nie. In plaas daarvan om dit te aanvaar, dink hulle dat diegene wie oor die eindtyd praat, is snaaks en probeer verhoed dat daar na hulle geluister word. Hulle dink die son sal opkom en ondergaan, mense sal gebore word en doodgaan, terwyl die ontwikkeling altyd sal voortgaan, soos in die verlede.

Die Bybel het dit rakende die eindtye opgeteken, "Veral moet julle weet dat daar in die laaste dae mense op die toneel sal verskyn wat die spot dryf en wie se lewe net deur hulle eie begeertes beheers word. Hulle sal spot en sê: 'En wat het nou geword van die belofte van Sy wederkoms? Ons vaders is al dood, en tog bly alles nog net soos dit was van die begin van die skepping af'" (2 Petrus 3:3-4).

Wanneer 'n mens gebore word, is daar ook 'n tyd vir hom om te sterf. Op dieselfde wyse, net soos wat dit begin het, het die menslike geskiedenis ook 'n einde. Wanneer die tyd aanbreek, wat deur God daargestel is, sal alle dinge in hierdie wêreld tot 'n einde kom.

In daardie tyd sal Migael, die groot engel wat oor die lede van jou volk waghou, op die toneel verskyn. Dit sal 'n swaar tyd wees, so swaar soos dit nog nooit was vandat daar nasies is nie. In daardie tyd sal almal uit jou volk wat in die boek opgeskryf is, gered word. Baie van dié wat ontslaap het, sal uit die graf opstaan, party tot die ewige lewe en party tot ewige skande en veragting. Die verstandige leiers sal skitter met die glans van die hemel self, en dié wat baie mense op die regte pad gelei het, sal vir altyd skitter soos die sterre. En jy, Daniël, hou die woorde geheim er verseël die boek tot die eindtyd toe. Baie mense sal oor die gebeurtenisse navraag doen om begrip daarvan te probeer kry (Daniël 12:1-4).

Deur profeet Daniël, het God voorspel wat aan die einde van die eeue sal gebeur. Sommige mense sê dat die voorspellings, soos deur Daniël weergegee, is reeds in die ou geskiedenis vervul. Maar hierdie voorspelling sal ten volle uitgevoer word, op die laaste oomblik van die menslike geskiedenis en is volkome in ooreenstemming, met die tekens van die laaste dae soos in die Nuwe Testament geskrywe.

Hierdie voorspelling van Daniël is verwant aan die Wederkoms van die Here. Vers 1 wat sê, "Dit sal 'n swaar tyd wees, so swaar soos dit nog nooit was vandat daar nasies is nie; en in daardie tyd sal almal uit jou volk wat in die boek opgeskryf is, gered word," verduidelik vir ons omtrent die Sewe-jaar Groot Beproewing wat in die eindtyd gaan plaasvind en omtrent die insameling van die saligheid.

Die tweede deel van vers 4 wat sê, "Baie mense sal oor die gebeurtenisse navraag doen om begrip daarvan te probeer kry," verduidelik die daaglikse lewens wat die mense vandag lei. Gevolglik, hierdie voorspellings van Daniël verwys nie na Israel se vernietiging wat in die jaar 70 n.C. plaasgevind het nie, maar na die tekens van die eindtyd.

Jesus het met Sy dissipels in besonderhede gepraat, omtrent die eindtyd van die eeue se tekens. In Matteus 24:6-7, 11-12, het Hy gesê, "Julle sal die rumoer van oorloë en gerugte van oorloë hoor. Pas op, moenie verskrik word nie. Dit moet kom, maar dit is nog nie die einde nie. Die een nasie sal teen die ander te staan kom en die een koninkryk teen die ander; daar sal op baie plekke hongersnode en aardbewings wees. Daar sal baie vals profete kom, en hulle sal baie mense mislei. Omdat die minagting van die wet van God sal toeneem, sal die liefde by baie verkoel."

Wat is die wêreld situasie vandag? Ons hoor nuus van oorloë en gerugte van oorloë en terrorisme neem daagliks toe. Nasies veg teen mekaar en koninkryke kom teen mekaar te staan. Daar is baie hongersnode en aardbewings. Daar is baie ander soorte natuurrampe, en rampe wat deur ongewone weersomstandighede veroorsaak word. Verder, wetteloosheid is oorwegend reg rondom die aarde aan die toeneem, sondes en euwels is regoor die wêreld, terwyl mense se liefde begin verkoel.

Dieselfde is geskrywe in die Tweede Brief aan Timoteus.

Dit moet jy weet: in die laaste dae sal daar swaar tye kom. Die mense sal selfsugtig wees, geldgierig, grootpraterig en verwaand, beledigend teenoor hulle medemense en ongehoorsaam aan hulle ouers, ondankbaar en ongodsdienstig; hulle sal liefdeloos en onversoenlik wees, kwaadpraters, bandeloos en wreed, sonder liefde vir die goeie; hulle sal verraaiers wees, roekeloos en hooghartig. Hulle sal eerder liefde vir genot hê as liefde vir God. Hulle sal nog die uiterlike skyn van die godsdiens hê, maar die krag van die godsdiens sal hulle nie ken nie. Bly weg van sulke mense af (2 Timoteus 3:1-5).

Vandag hou die mense nie van goeie dinge, maar is lief vir geld en plesier. Hulle soek hulle eie voordeel en pleeg afskuwelike sondes en euwels, insluitend moord en brandstigting, sonder aarseling of gewete. Hierdie dinge gebeur te dikwels en so baie dinge soos hierdie gebeur, tussen ons mense sodat die mense se harte selfs toenemend gevoelloos word, tot die punt dat niks meer die meerderheid mense verbaas nie. Deur al hierdie dinge te sien, kan ons nie ontken dat die loop van die menslike geskiedenis is regtig op pad na die eindtyd.

Selfs die geskiedenis van Israel sinspeel vir ons op die tekens van die Here se Wederkoms en die eindtyd van die wêreld.

Matteus 24:32-33 sê, "Leer dit van die vyeboom as voorbeeld: wanneer sy takke begin sag word en hy blare kry, weet julle die somer is naby. So moet julle ook wanneer julle al hierdie dinge sien, weet dat die tyd naby is, voor die deur."
Die "vyeboom" verwys hier na Israel. 'n Boom lyk dood in die winter maar wanneer die lente kom, spruit dit weer en die takke groei en groen blare kom te voorskyn. Net so, sedert die vernietiging van Israel wat in 70 n. C. plaasgevind het, het Israel gelyk asof hulle vir ongeveer twee duisend jaar verdwyn het, maar toe die tyd wat God gekies het aanbreek, het hulle hul onafhanklikheid verklaar en die Staat van Israel was op 14 Mei 1948 bekend gemaak.
Wat belangriker is, is dat die onafhanklikheid van Israel aandui, dat die Wederkoms van Jesus Christus baie naby is. Daarom, Israel moet besef dat die Messias vir wie hulle steeds wag, het na die aarde gekom en het die Saligmaker vir die hele mensdom 2,000 jaar gelede geword, en moet onthou dat die Saligmaker, Jesus, vroeër of later na die aarde sal kom as die

Regter.

Wat sal dan met ons, wie in die laaste dae lewe, ooreenkomstig tot die voorspellings van die Bybel gebeur?

Die Wederkoms van die Here in die Lug en die Verrukking

Ongeveer 2,000 jaar gelede was Jesus gekruisig en het op die derde dag opgestaan, daardeur het Hy die mag van die dood oorwin, daarna was Hy in die hemel opgeneem, terwyl baie mense teenwoordig was om van Sy hemelvaart te getuig.

Galileërs, waarom staan julle so na die hemel en kyk? Hierdie Jesus wat van julle af na die hemel toe opgeneem is, sal net so terugkom soos julle Hom na die hemel toe sien opgaan het (Handelinge 1:11).

Die Here Jesus het die hek na saligheid vir die mensdom oopgemaak, deur Sy kruisiging en opstanding en daarna was Hy na die hemel toe opgelig en sit aan die regterkant van God se troon, waar Hy hemelse woonplekke voorberei vir die wie gered is. En wanneer die geskiedenis van die mensdom eindig, sal Hy terugkom om ons saam te neem. Sy Wederkoms is goed beskryf in 1 Tessalonisense 4:16-17.

Wanneer die bevel gegee word en die stem van die aartsengel en die trompet van God weerklink, sal die Here self uit die hemel neerdaal. Allereers sal dié wat in Christus gesterf het, uit die dood opstaan; daarna sal ons wat nog lewe, saam met hulle op die wolke weggevoer word, die lug in, die Here tegemoet.

Wat 'n grootse toneel sal dit wees wanneer die Here neerdaal op die wolke van glorie, tesame met ontelbare engele en hemelse leëskare! Hulle wie gered is, sal die onverganklike geestelike liggame aanneem en die Here in die lug ontmoet, daarna sal hulle die Sewe-jaar Bruiloffees vier, tesame met die Here ons ewigdurende Bruidegom.

Hulle wie gered is, sal in die lug opgelig word en die Here ontmoet, wat die "Verrukking" genoem word. Die koninkryk van die lug verwys na 'n deel van die tweede hemel wat God vir die Sewe-jaar Bruiloffees voorberei het.

God het die geestelike koninkryk in 'n paar ruimtes verdeel, waarvan een die tweede hemel is. Die tweede hemel is ook weer in twee ruimtes verdeel – Eden wat die wêreld van lig is en die wêreld van duisternis. In 'n deel van die wêreld van lig is 'n spesiale plek vir die Sewe-jaar Bruiloffees voorberei.

Die mense wie hulleself met geloof verfraai het, om die saligheid te bereik in hierdie wêreld vol van sondes en euwels, sal in die lug opgeneem word as bruide van die Here en dan die Here ontmoet, en daarna die Bruiloffees vir sewe jaar geniet.

Laat ons bly wees en juig en aan Hom die eer gee, want die bruilof van die Lam het aangebreek, en sy bruid het haar daarvoor gereed gemaak. God het haar dit vergun om fyn helder blink klere aan te trek. Hierdie fyn klere is die regverdige dade van die gelowiges. Toe sê die engel vir my: "Skryf op: Geseënd is hulle wat na die bruilofmaal van die Lam uitgenooi is." Verder sê hy vir my: "Dit is die woorde van God, en hulle is waar" (Openbaring 19:7-9).

Diegene wie in die lug opgeneem sal word, sal tydens die Bruiloffees met die Here vertroos word, omdat hulle die wêreld oorkom het, terwyl daardie wie nie opgelig word, sal onuitspreeklike lyding in beproewing ly, deur bose geeste wat na die aarde uitgedrywe sal word, tydens die Here se Wederkoms in die lug.

Die Sewe-Jaar van die Groot Beproewing

Terwyl diegene wie gered is die Sewe-jaar Bruiloffees in die lug geniet en droom van die blydskap en ewige hemel, sal die wreedste beproewing wat ongeëwenaard in die geskiedenis van die mensdom is, die hele aarde bedek en afskuwelike dinge sal plaasvind.

Hoe dan sal die Sewe-jaar Groot Beproewing begin? Aangesien ons Here terugkom in die lug en so baie mense word almal meteens opgelig, sal diegene wie op die aarde agterbly paniekbevange en geskok wees, met die skielike verdwyning van hulle familie, vriende en bure en sal hulle ronddwaal om na hulle te soek.

Spoedig sal hulle besef dat die Verrukking wat die Christene oor gepraat het, eintlik plaasgevind het. Hulle sal met afgryse vervul wees, weens die gedagte van die Sewe-jaar Groot Beproewing wat oor hulle gaan kom. Hulle sal oorweldig word met verskriklike angs en paniekerig voel. En wanneer die bestuurders van vliegtuie, skepe, treine, motors en ander voertuie in die hemel in opgelig word, sal 'n groot menigte van verkeersongelukke plaasvind, brande sal ontstaan en geboue sal ineenstort, dan sal die wêreld met chaos en groot wanorde gevul word.

Op hierdie tydstip sal 'n persoon verskyn wie vrede en orde na die wêreld bring. Hy is die regeerder van die Europese Unie. Hy sal die magte van die politiek, ekonomie en militêre organisasie saamvoeg en met die verenigde krag, sal hy die wêreld in orde hou en vrede bring, asook stabiliteit vir die gemeenskappe. Dit is waarom so baie mense sal juig, oor sy verskyning op die wêreldverhoog. Baie sal hom geesdriftig verwelkom, met lojale ondersteuning en hom aktief behulpsaam wees.

Hy sal die antichris wees, waarna in die Bybel verwys word wie die Sewe-jaar Groot Beproewing sal lei, maar vir 'n typerk sal dit lyk asof hy die "boodskapper van vrede" is. In werklikheid sal die antichris vrede en orde vir die mense bring, in die vroeë stadium van die Sewe-jaar Groot Beproewing. Die instrument wat ingespan sal word om wêreldvrede te verkry is die merk van die dier, die '666' soos in die Bybel opgeteken.

Hy verplig al die mense, klein en groot, ryk en arm, vryes en slawe, om 'n merk op hulle regterhand of op hulle voorkop te dra en laat niemand toe om te koop of te verkoop nie, behalwe die mense wat die merk het. Die merk is die naam van die dier of die getal van sy naam. Hier is wysheid nodig. Wie verstand het, kan die getal van die dier ontsyfer, want dit is 'n mens se getal. Sy getal is ses honderd ses en sestig (Openbaring 13:16-18).

Wat Is die Merk van die Dier?

Die dier verwys na 'n rekenaar. Die Europese Unie (EU) sal hulle instellings so opstel, deur voordeel uit die rekenaars te verkry. Deur middel van die EU se rekenaars sal elke persoon 'n barkode op die regterhand of op die voorkop gegee word. Die barkode is die merk van die dier. Alle soorte persoonlike inligting van elke individu sal in die barkode geplaas word, en die barkode sal op sy/haar liggaam ingeplant word. Met behulp van hierdie barkode wat in die liggaam ingeplant is, sal die EU se rekenaar in staat wees om elkeen breedvoerig te verifieer, te kontroleer en te beheer, ongeag waar 'n persoon is of wat hy/sy doen.

Ons tydelike kredietkaarte en identiteitskaarte sal vervang word met die merk van die dier, "666." Dan, sal mense nie meer kontant of tjeks benodig nie. Hulle sal nie langer bekommerd hoef te wees, dat hulle hul posisies sal verloor of van hul geld beroof sal word nie. Daar sal daarop aangedring word dat die merk van die dier "666" in 'n kort tyd versprei word, want sonder hierdie merk, kan niemand geidentifiseer word, maar niemand sal in staat wees om enigiets te verkoop of te koop nie.

Vanaf die begin van die Sewe-jaar Groot Beproewing sal mense die merk van die dier ontvang, maar hulle sal nie gedwing word om dit te ontvang nie. Hulle sal net aangeraai word om dit te doen, totdat die organisasie van die EU stewig gevestig is. So gou as wat die eerste helfte van die Sewe-jaar Groot Beproewing verby is en die organisasie stabiel geword het, dan sal die EU almal dwing om die merk te ontvang en sal nie diegene vergewe, wie weier om dit te aanvaar nie. Dus, sal die EU die mense deur die merk van die dier verplig en hulle lei soos wat hulle wil.

Aan die einde sal die meeste van die mense, wie sal oorbly gedurende die Sewe-jaar Groot Beproewing beperk word, tot die kontrole van die antichrist en die regering van die dier. Aangesien hierdie antichris deur die vyandige duiwel beheer sal word, sal die EU veroorsaak dat mense God opponeer en hulle lei op die pad van euwels, ongeregtigheid, sondes en vernietiging.

Tussen hakies, sommige mense sal hulle nie aan die regerende antichrist oorgee nie. Hulle is diegene wie in Jesus Christus geglo het, maar daarin gefaal het om in die hemel opgelig te word, tydens die Here se Wederkoms, omdat hulle nie ware geloof gehad het nie.

Sommige van hulle het eens op 'n tyd die Here aangeneem en van God se genade geleef, maar later die genade verloor en na die wêreld teruggekeer en sommige ander het getuig van hulle geloof in Christus en kerk bygewoon, maar in die wêreldse plesier gelewe, omdat hulle daarin gefaal het om geestelike geloof te besit. Daar is ander wie net pas die Here Jesus Christus aangeneem het en sommige Jode het ontwaak, uit hul geestelike sluimering as gevolg van die Verrukking.

Wanneer hulle die werlikheid van die Verrukking sien, sal hulle besef dat al die woorde in beide die Ou en Nuwe Testamente waar was, en sal op die grond neerval en ween. Hulle sal deur groot vrees gevange geneem word en berou hê, omdat hulle nie volgens die wil van God gelewe het en probeer om 'n weg tot die saligheid te vind.

'n Derde engel het agter die eerste twee aan gevlieg en hard uitgeroep: "Wie die dier en sy beeld aanbid en 'n merk op sy voorkop of op sy hand aanvaar, sal van die wyn van God se toorn moet drink. Dit word onverdun in die beker van sy oordeel ingeskink. In die teenwoordigheid van die heilige engele en die Lam sal hy met vuur en swael gepynig word. Die rook van hierdie pyniging styg tot in alle ewigheid op, en hierdie mense het dag en nag geen rus nie, hulle wat die dier en sy beeld aanbid, en dié wat die merk van sy naam aanvaar." Hier het die gelowiges volharding nodig, hulle wat die gebooie van God nakom en in Jesus bly glo (Openbaring 14:9-12).

Indien enigeen die merk van die dier ontvang, word hy gedwing om gehoorsaam teenoor die antichrist te word, wie God opponeer. Dit is waarom die Bybel beklemtoon dat wie ookal die merk van die dier gegee word, kan nie die saligheid bereik nie. Gedurende die Groot Beproewing sal hulle wie hierdie feit ken, probeer om nie die merk van die dier te ontvang, om te bewys dat hulle geloof het.

Die identiteit van die antichris sal duidelik geopenbaar word. Hy sal diegene wie sy beleid opponeer en weier om die merk te ontvang, as onsuiwer elemente van die samelewing kategoriseer en hulle suiwer van die samelewing, vir die rede dat hulle die sosiale vrede verbreek. Hy sal hulle dwing om Jesus Christus te verloën, en die merk van die dier te ontvang. Indien hulle teenstribbel, sal ernstige vervolgings en hulle martelaarskap volg.

Saligheid deur Martelaarskap om nie die Merk van die Dier te ontvang nie

Die martelings vir diegene wie teenstribbel om die merk van die dier gedurende die Sewe-jaar Groot Beproewing te ontvang, is ondenkbaar ernstig. Die martelings is te onderdrukkend vir hulle om te verduur, dus sal daar net 'n paar gevind word wie dit oorkom en die laaste geleentheid kry om hulle saligheid te ontvang. Sommiges van hulle sal sê, "Ek gee nie my geloof in die Here op nie. Ek glo steeds in Hom uit die diepte van my hart. Die martelings is so oorweldiging vir my dat ek die Here net met my mond verloën. God sal my verstaan, en my red" en dan die merk van die dier ontvang. Maar hulle saligheid kan geensins gegee word nie.

'n Paar jaar gelede terwyl ek gebid het, het God vir my in 'n visioen gewys, hoe sommige van hulle wie agtergebly het gedurende die Groot Beproewing teenstribbel, om die merk van die dier te ontvang, en dan gemartel word. Dit was regtig 'n vreeslike toneel! Die martelaars het die velle afgestroop, alle gewrigte van die liggaam in stukke gebreek, en vingers, tone, arms en bene afgesny en kokende olie oor hulle liggame uitgegooi.

Gedurende die Tweede Wêreldoorlog het afskuwelike bloedbaddens en martelings plaasgevind, terwyl mediese eksperimente op lewende liggame uitgevoer was. Die martelings kon nie vergelyk word, met daardie van die Sewe-jaar Groot Beproewing nie. Na die Verrukking sal die antichris, wie een is met die vyandige duiwel, oor die wêreld regeer en geen genade en medelye met enigeen hê nie.

Die vyandige duiwel en die kragte van die antichris sal die mense oorreed, om Jesus in elk geval te verloën, om hulle in die hel te dryf. Hulle sal gelowiges martel, maar hulle nie dadelik doodmaak nie, met baie bedrewe en wrede metodes van marteling. Alle soorte van martelmetodes en jongste martelapparate wat gebruik sal word, sal vir die gelowiges die uiterste paniek en pyn veroorsaak. Maar slegs die verskriklike martelings sal voortduur.

Die gemartelde mense wens om spoedig doodgemaak te word, maar kan nie die dood kies, omdat die antichris hulle nie maklik sal doodmaak, en hulle weet baie goed dat selfmoord kan nooit tot saligheid lei nie.

In die visioen het God vir my gewys dat die meeste van hierdie mense nie die pyn van die marteling kan verduur, en dan aan die antichris toegee. Vir 'n tydperk lyk dit asof sommige van hulle die marteling met 'n sterk wil oorkom, maar wanneer hulle hul geliefde kinders of ouers sien wie op dieselfde maniere gemartel word, staak hulle weerstand, gee toe aan die antichris en dan onvang hulle die merk van die dier.

Tussen daardie gemartelde mense, is daar 'n paar met opregte en betroubare harte wie daardie verskriklike martelings en slu versoekings van die antichris sal oorkom, en die dood van martelaars sal sterf. Dus, hulle wie hulle geloof behou deur martelaarskap, gedurende die Groot Beproewing kan deelneem aan die parade van die saligheid.

Die Weg na Saligheid deur die Opkomende Beproewing

Toe die Tweede Wêreldoorlog uitgebreek het, het die Jode wie vreedsame lewens in Duitsland gelei het, nooit vermoed dat so 'n ysingswekkende slagting van ses miljoen mense op hulle gewag het nie. Niemand het geweet of kon dit voorsien dat Duitsland, wat hulle van vrede en relatiewe stabiliteit voorsien het, so skielik in 'n kwaadwillige mag verander en dit in 'n baie kort tydperk.

Op daardie tydstip, omdat hulle nie geweet het wat gaan gebeur, was die Jode hulpeloos en hulle kon niks doen om die groot lyding te vermy nie. God wens dat Sy uitverkore mense in staat sal wees, om die opkomende ramp in die nabye toekoms sal kan vermy. Dit is waarom God die einde van die wêreld breedvoerig in die Bybel opgeteken het, en mense van God vir Israel laat waarsku het, oor die komende beproewing en hulle laat ontwaak het.

Die belangrikste ding vir Israel om te weet, is dat hierdie ramp van die Beproewing kan nie vermy word, en in plaas om daarvan te ontvlug, sal Israel in die middel van die Groot Beproewing vasgevang word. Ek wens dat jy sal besef, dat hierdie beproewing baie spoedig gaan gebeur en oor jou sal kom soos 'n dief indien jy nie voorbereid is nie. Jy sal sal moet ontwaak uit jou geestelike sluimering, indien jy van hierdie vreeslike ramp wil ontvlug.

Reg nou, is die tyd dat Israel moet ontwaak! Hulle moet berou hê dat hulle die Messias nie herken het, en om Jesus Christus as die Saligmaker vir die hele mensdom aan te neem, en om ware geloof te besit wat God van hulle verlang om te hê, sodat hulle vreugdevol verruk kan word wanneer die Here weer in die lug terugkom.

Ek dring by jou aan om in gedagte te hou, dat die antichris voor jou sal verskyn soos die boodskapper van vrede, net soos wat Duitsland vir 'n tyd lank gedoen het, voor die Tweede Wêreldoorlog. Hy sal vrede en gerief aanbied, maar dan baie vinnig en heel onverwags, sal die antichris die groot mag word, 'n mag wat tans groei in krag en hy sal lyding en rampe bo verbeelding bring.

Tien Koninkryke

Die Bybel het baie profetiese gedeeltes oor wat in die toekoms sal gebeur. Vernaamlik, indien ons na die voorspellings kyk van die groot profete soos opgeteken in die Ou Testament, vertel hulle ons nie alleenlik vooruit oor Israel se toekoms, maar ook oor die toekoms van die wêreld. Wat dink jy is die rede? God se uitverkore mense Israel, was, is en sal in die middel van die mensdom se geskiedenis wees.

Groot Beeld Opgeteken in die Voorspelling van Daniël

Die Boek van Daniël voorspel nie alleenlik oor die toekoms van Israel, maar ook oor wat van die wêreld in die laaste dae gaan word, met betrekking tot Israel se einde. In die Boek van Daniël 2:31-33, verklaar Daniël die droom van Koning Nebukadnesar deur die inspirasie van God, en die verklaring het voorspel wat met die wêreld in die eindtyd sal gebeur.

U het 'n visioen gehad. Daar was 'n groot beeld. Dit was hoog en het baie geblink. Dit het voor u gestaan, iets skrikwekkends. Die beeld se kop was van suiwer goud, sy bors en sy arms van silwer, sy maag en sy heupe van brons. Sy bene was van yster en sy voete deels van yster en deels van klei (Daniël 2:31-33).

Wat voorspel hierdie verse dan, omtrent die wêreld se situasie in die finale dae?

"Die enkel groot beeld" wat Koning Nebukadnesar in sy droom gesien het, is niks anders as die Europese Unie nie. Vandag word die wêreld beheer deur die twee magte – die Verenigde State van Amerika en die Europese Unie. Natuurlik die invloede van Rusland en China kan nie geignoreer word nie. Maar, die Verenigde State van Amerika en die Europese Unie sal steeds die invloedrykste kragte in die wêreld wees, op die gebied van ekonomië en militêre krag.

Huidiglik, lyk die EU om 'n bietjie swak te wees, maar dit sal toenemend uitbrei. Vandag twyfel niemand daaroor nie. Tot nou was die VSA uitsluitlik die oorheersende nasie in die wêreld, maar bietjie vir bietjie sal die EU meer oorheersend as die VSA, regdeur die wêreld word.

Net 'n paar dekades gelede was dit ondenkbaar, dat die lande van Europa daartoe in staat sal wees, om in een stelsel van regering te verenig. Natuurlik, die Europese lande het 'n Europese Unie vir 'n lang tydperk bespreek, maar niemand was verseker dat hulle die grense kon oorsteek van nasionale identiteit, taal, geldeenheid en baie ander hindernisse, sodat hulle een verenigde liggaam kon vorm.

Maar, aan die begin van die laat 1980's, het die leiers van die Europese lande begin om die aangeleentheid ernstig te bespreek, eenvoudig as gevolg van die ekonomiese besorgdhede. Gedurende die Koue-Oorlog periode was die hoofkrag om oorheersing in die wêreld te behou, militêre mag gewees, maar sedert die Koue-Oorlog tot 'n einde gekom het, het die hoofkrag van militêre mag na ekonomiese krag verskuif.

Om vir dit voor te berei, het die lande van Europa probeer om te verenig. As gevolg hiervan het hulle een in 'n ekonomiese unie geword. Nou, een ding wat oorbly om gedoen te word, is politieke eenwording, en die situasie spoor dit nou aan.

"Daardie beeld, wat groot en buitengewoon geblink het, en se voorkoms ontsagwekkend was," waarvan Daniël 2:31 praat, is die voorspelling omtrent die groei en werksaamheid van die Europese Unie. Dit vertel vir ons hoe sterk en kragtig die Europese Unie sal wees.

EU Sal Kom om Groot Mag te Besit

Hoe sal die EU in staat wees om groot mag te besit? Daniël 2:32 en verder, gee vir ons 'n antwoord wat verduidelik, waarvan die beeld se kop, bors, maag, heupe, bene en voete gemaak was.

Eerstens, vers 32 sê, "Die kop van daardie beeld was van fyngoud gemaak." Dit voorspel dat die EU ekonomies sal verbeter en ekonomiese gesag afdwing, deur die opstapeling van rykdom. Soos hier voorspel, sal die EU daarby baat en groot winste maak, deur die ekonomiese vereniging.

Volgende, dieselfde vers sê, "sy bors en arms was van silwer gemaak." Dit simboliseer dat die EU sal sosiaal, kultureel en polities verenig. Waneer 'n magtige enkel president verkies word, om die EU te verteenwoordig, sal dit politieke eenheid uitwaarts tot stand bring en volkome verenig word, ten opsigte van sosiale en kulturele aspekte. Nietemin, in 'n opset van onvoltooide eenheid, sal elke lid sy eie ekonomiese voordeel soek.

Volgende, sê dit, "sy maag en sy heupe was van brons gemaak." Dit simboliseer dat die EU sal militêre eenheid tot stand bring. Elke land van die EU wil ekonomiese krag besit. Hierdie militêre eenheid sal in beginsel vir die doel van ekonomiese voordeel wees, wat die einddoelwit is. Om sodoende aan te sluit om die mag te bekom, sodat hulle die wêreld kan beheer deur ekonomiese mag, sal daar geen ander keuse wees as om te verenig met die sosiale, kulturele, politieke en militêre werkkring.

Laastens, sê dit, "sy bene is van yster." Dit verwys na 'n ander standvastige fondament om die EU deur godsdienstige eenheid te versterk en te ondersteun. In die vroeë stadium, sal die EU verklaar dat Katolisisme is hulle staatsgodsdiens. Katolisisme sal sterkte verkry en 'n meganisme van ondersteuning word, om die EU te versterk en in stand te hou.

Geestelike Betekenisse van Tien Koninkryke

Wanneer die EU daarin slaag om baie lande te verenig of te bïnvloed in hulle ekonomiese, politieke, sosiale, kulturele, militêre en godsdienstige werkkringe sal dit eerstens met sy vereniging en mag spog, maar bietjie vir bietjie sal hulle tekens begin ervaar, van onenigheid en ontbinding.

In die vroeë stadium van die EU, sal die lande van die EU verenig word, omdat hulle toegewings teenoor mekaar maak, vir wedersydse ekonomiese voordele. Maar, met die verloop van tyd sal daar sosiale, kulturele, politieke en ideologiese verskille wees en onenigheid sal tussen hulle ontstaan. Dan sal verskeie tekens van verdeeldheid plaasvind. Ten slotte, sal godsdienstige botsings in die openbaar ontstaan – botsings tussen Katolisisme en Protestantisme.

Daniël 2:33 sê, "...sy voete gedeeltelik van yster en gedeeltelik van klei." Dit beteken dat sommige van die tien koninkryke is van yster gemaak, en die ander van klei. Die tien koninkryke verwys nie na "tien lande van die EU nie." Hierdie verwys na "vyf verteenwoordige lande wat in Katolisisme glo en vyf ander verteenwoordige lande wat in Protestantisme glo."

Net soos wat yster en klei nie kan meng en kombineer, kan die lande waarin Katolisisme oorheersend is en hulle waarin Protestantisme oorheersend is, nie tenvolle verenig, dit is, hulle wie oorheersend is en hulle wie ook oorheersend is, meng geensins nie.

Soos wat die tekens van wanorde in die EU toeneem, sal hulle dit toenemend nodig ag, om die lande ten opsigte van godsdiens te verenig, terwyl Katolisisme groter mag in meer plekke verkry.

Dus, vir ekonomiese voordele sal die Europese Unie in die laaste dae gevorm word en ontstaan, met ontsaglike mag. Later sal die EU sy godsdiens as Katolisisme verenig en die vereniging van die EU selfs nog sterker word. Ten slotte sal die EU as 'n afgod voortkom.

Afgode is voorwerpe wat aanbid en deur mense eerbiedig moet word. Met hierdie begrip, sal die EU die wêreldvloei met groot mag lei, en oor die wêreld soos 'n magtige afgod regeer.

Die Derde Wêreldoorlog en die Europese Unie

Soos bo gesê, wanneer ons Here weer in die lug kom, by die eindtyd van die wêreld sal ontelbare gelowiges in die lug gesamentlik opgelig word, en geweldige chaos sal op die aarde voorkom. Intussen sal die EU die mag oorneem en oor die wêreld heers, onder die voorwendsel om vrede en orde van die hele wêreld in 'n kort tydjie te handhaaf, maar later sal die EU die Here opponeer en die leiding in die Sewe-jaar Groot Beproewing neem.

Later, sal die lede van die EU skei, omdat hulle respektiewelik hul eie voordele sal soek. Dit sal in die middel van die Sewe-jaar Groot Beproewing gebeur. Die begin van hierdie Sewe-jaar Groot Beproewing, soos in die 12de Hoofstuk van die Boek Daniël voorspel, sal gebeur in ooreenstemming met die geskiedenis van Israel en die geskiedenis van die wêreld se verloop.

Net nadat die Sewe-jaar Goot Beproewing begin, sal die EU toenemend geweldige mag en krag verkry. Hulle sal 'n magtige enkel president van die Unie verkies. Dit sal gebeur, net nadat hulle wie Jesus Christus as hulle Saligmaker aangeneem het, die reg ontvang het om kinders van God te word, en skielik getransformeer word en in die hemel opgelig word, tydens die Here se Wederkoms in die lug.

Die meeste Jode wie nie Jesus as hulle Saligmaker ontvang het, sal op die aarde agterbly en in die Sewe-jaar Groot Beproewing ly. Die ellende en afgryse van die Groot Beproewing sal ontsaglik onbeskryflik wees. Die aarde sal vol wees, van die hartbrekendste dinge insluitend oorloë, moorde, teregstellings, hongersnode, siektes en rampe, erger as enigiets in die geskiedenis van die mensdom.

Die begin van die Sewe-jaar Groot Beproewing sal in Israel aangekondig word, deur 'n oorlog tussen Israel en die Midde Ooste. Buitensporige spanning duur voort, tussen Israel en die res van die Midde Osterse nasies en grensgeskille het nog nooit opgehou nie. In die toekoms sal hierdie twis vererger. 'n Ernstige oorlog sal uitbreek, omdat wêreldmagte sal inmeng oor die oliesake. Hulle sal met mekaar twis, om die groter mag en voordeel ten opsigte van internasionale aangeleenthede te verkry.

Die Verenigde State wat 'n tradisionele verbinding met Israel vir 'n lang tyd het, sal vir Israel ondersteun. Die Europese Unie, China, en Rusland, wat teen die VS is, sal met die Midde Ooste verenig, en dan sal die Derde Wêreldoorlog tussen beide partye uitbreek.

Die intensiteit van die Derde Wêreldoorlog sal heeltemal van die Tweede Wêredoorlog verskil. Gedurende Wêreldoorlog II was meer as 50 miljoen mense as gevolg van die oorlog doodgemaak of het gesterf. Nou kan die krag van moderne wapens, insluitend kernbomme, chemiese en biologiese wapens en baie ander kan nie met dié van die Tweede Wêreldoorlog vergelyk word, en die gebruik daarvan sal ondenkbaar ontstellend wees.

Alle soorte wapens insluitend kernbomme en verskeie nuwerwetse wapens wat sedertdien uitgevind is, sal genadeloos gebruik word, terwyl onbeskryflike verwoestings en slagtings sal volg. Die lande wat oorlog voer, sal volledig verwoes en verarm word. Dit sal nie die einde van die oorlog wees nie. Kernontploffings sal deur radioaktiwiteit en radioaktiewe besoedeling opgevolg word, ernstige klimaatsverandering en rampe sal die hele aarde bedek. As gevolg hiervan, sal die hele aarde asook daardie lande wat die oorlog gevoer het, hel op aarde beleef.

In die middel sal hulle die kernwapenaanvalle staak, omdat indien kernwapens baie lank gebruik word, sal dit die voortbestaan van die hele mensdom bedreig. Maar alle ander wapens en die groot omvang van die weermagte sal die oorlog versnel. Die VS, China en Rusland sal nie in staat wees om te herstel nie.

Die meeste lande van die wêreld sal amper ineenstort, maar die EU sal van die mees verwoestende skade ontsnap. Die EU sal vir China en Rusland hulle ondersteuning belowe, maar gedurende die oorlog, sal die EU nie aktief aan die gevegte deelneem, sodat hulle nie sulke groot verliese as ander ly nie.

Wanneer baie wêreldmagte, insluitent die VSA, 'n groot hoeveelheid verliese ly en die mag verloor in die warrelwind van die ongeëwenaarde oorlog, sal die EU die enkel magtigste nasionale bondgenootskap word en alleen oor die wêreld regeer. Aan die begin sal die EU eenvoudig die oorlog se vordering dophou en wanneer ander lande ekonomies en militêr vernietig is, sal die EU na vore kom en begin om die oorlog op te los. Die ander lande sal geen ander keuse hê, as om die besluit van die EU te volg, omdat hulle alle mag verloor het.

Vanaf hierdie punt verder, sal die tweede helfte van die Sewejaar Groot Beproewing begin, en vir die volgende drie en 'n half jaar sal die antichris, wie die EU se regeerder is, die hele wêreld beheer en homself heilig verklaar. En die antichris sal diegene wie hom wil opponeer, martel en vervolg.

Die Ware Natuur van die Antichris Geopenbaar

In die vroeë stadiums van Wêreldoorlog III sal verskeie lande reeds groot verliese as gevolg van die oorlog gely het, en die EU sal ekonomiese ondersteuning aan hulle deur China en Rusland belowe. Israel sal opgeoffer word as die sentrale fokus van die oorlog en op daardie stadium sal die EU belowe om die heilige tempel van God te bou, wat Israel so na verlang het. Met hierdie paaibeleid van die EU sal Israel droom oor die herlewing van die glorie wat hulle geniet het, met die seëning van God lank gelede. As gevolg daarvan sal hulle ook met die EU verenig.

As gevolg van sy ondersteuning vir Israel, sal die President van die EU beskou word as die Jode se saligmaker. Die langdurige oorlog in die Midde Ooste sal lyk of dit tot 'n einde kom, en hulle sal weer die Heilige Land herstel en die heilige tempel van God bou. Hulle sal glo dat die Messias en hulle Koning, vir wie hulle so lank gewag het, het uiteindelik gekom en Israel volledig gerestoureer en hulle verheerlik.

Maar hulle verwagting en vreugde sal spoedig in duie stort. Wanneer die heilige tempel van God in Jerusalem opgebou is, sal iets onverwags gebeur. Dit was deur die Boek van Daniël voorspel.

Dié regeerder sal vir een tydperk 'n vaste ooreenkoms aangaan met die vooraanstaandes en teen die helfte van dié tydperk sal hy die diereoffers en die graanoffers afskaf. Hy sal op die een hoek van die tempel 'n ding sit wat 'n gruwel is vir God en een wat verwoesting aanrig, en dit sal daar staan tot alles verby is. Dan sal oor dié regeerder wat soveel verwoesting aangerig het, losbars wat oor hom besluit is (Daniël 9:27).

Van die koning se troepe sal die heiligdom en die vesting ontheilig. Hulle sal die daaglikse offer afskaf en 'n ding oprig wat 'n gruwel is vir God en wat verwoesting aanrig (Daniël 11:31).

Van die tyd dat die daaglikse offer afgeskaf is en die ding opgerig is wat 'n gruwel is vir God en wat verwoesting aanrig, sal daar twaalf honderd en negentig dae verloop (Daniël 12:11).

Hierdie drie verse sinspeel almal op een insident wat hulle in gemeen het. Dit is wat werklik aan die einde van die eeue gaan gebeur, en Jesus het ook oor die einde van die eeue in die volgende vers gepraat.

Hy het in Matteus 24:15-16 gesê, "Wanneer julle ooreenkomstig die woord van die profeet Daniël die ding wat 'n gruwel is vir God en wat verwoesting aanrig, in die heilige plek sien staan –wie dit lees, moet dit goed begryp – dan moet dié wat in Judea is, die berge in vlug."

Aan die begin sal die Jode glo, dat die EU die heilig tempel van God weer opgebou het in die Heilige Land, wat hulle as heilig beskou, maar wanneer die gruwelding in die heilige plek staan, sal hulle geskok wees en besef dat hulle sedertdien verkeerd was. Hulle sal daarvan kennis neem, dat hulle hul oë van Jesus Christus weggedraai het, en dat Hy hulle Messias en Saligmaker van die mensdom is.

Dit is die werklike rede waarom Israel nou moet ontwaak. Tensy Israel nou ontwaak het, sal hulle nie instaat wees om die waarheid op die regte tyd te besef nie. Israel sal die waarheid te laat besef en dit sal onherroeplik wees.

So ek wens ernstig dat jy Israel, sal ontwaak, sodat jy nie sal val vir die antichris se versoekinge en die merk van die dier ontvang nie. Indien jy mislei was deur die vriendelike en verleidelike woorde van die antichris wat vir jou vrede en voorspoed belowe het, en die merk van die dier, die "666" ontvang, sal jy genoodsaak word om op die weg, na die onherroeplike ewige dood te beweeg.

Wat meer bejammerenswaardig is, is dat eers nadat die identiteit van die dier geopenbaar is, soos deur Daniël voorspel, sal baie van die Jode besef dat die fokus van hulle geloof, verkeerd was. Deur hierdie boek, wens ek dat jy die Messias sal aanneem, wie reeds deur God gestuur was en vermy, om in die Sewe-jaar Groot Beproewing te beland.

Daarom, soos wat ek jou hierbo vertel het, jy moet Jesus

Christus aanneem en 'n geloof besit, wat betaamlik in die oë van God is. Dit is die enigste manier vir jou om instaat te wees, om van die Sewe-jaar Groot Beproewing te ontsnap.

Wat 'n jammerte dat jy daarin gefaal het om in die lug opgelig te word, die hemel in, en op die aarde agtergelaat is, tydens die Here se Wederkoms! Maar gelukkig sal jy 'n laaste kans vir jou saligheid ontvang.

Ek pleit ernstig by jou om Jesus Christus dadelik aan te neem, om in kameraadskap met broers en susters in Christus te lewe. Maar nou is nog nie te laat vir jou om deur die Bybel en hierdie boek te leer, hoe jy instaat kan wees om jou geloof te behou, tydens die opkomende Groot Beproewing en om die weg te vind wat God vir jou voorberei het, vir jou laaste geleentheid vir saligheid en om op die regte pad gelei te word.

Onfeilbare Liefde van God

God het Sy voorsiening vir die menslike saligheid, deur Jesus Christus vervul, en ongeag van ras en nasie, wie ookal Jesus as sy Saligmaker aanneem en die wil van God doen, het God hom Sy kind gemaak en hom toegelaat om die ewige lewe te geniet.

Maar, wat het met Israel en sy mense gebeur? Baie van hulle het nie vir Jesus Christus aangeneem, en bly ver weg van die pad na saligheid. Wat 'n groot jammerte is dit, dat hulle daarin sal faal om die weg na saligheid deur Jesus Christus te besef, selfs totdat die Here weer in die lug kom en die geredde kinders van God, vanaf die aarde opneem die lug in!

Wat sal dan van God se uitverkore Israel word? Sal hulle van die parade van God se geredde kinders uitgesluit word? Die God van liefde, het Sy verbasende plan vir Israel op die laaste oomblik van die mensdom se geskiedenis voorberei.

God is nie 'n mens dat Hy sou lieg nie, 'n mens dat Hy van gedagte sou verander nie. Sou Hy iets sê en dit nie doen nie, iets belowe en dit nie uitvoer nie? (Numeri 23:19).

Wat is die laaste voorsiening wat God vir Israel aan die einde van die eeue beplan het? God het die weg van "insameling saligheid" vir Sy uitverkore Israel voorberei, sodat hulle die saligheid kan ingaan, deur te besef dat die Jesus wie hulle gekruisig het, is die werklike Messias na wie hulle vir so lank uitgesien het, en hulle sondes deeglik voor God bely.

Insameling Saligheid

Gedurende die Sewe-jaar Groot Beproewing, omdat hulle so baie mense gesien het wie opgelig was die hemel in en van die waarheid geleer het, sal sommige mense wie op die aarde agtergelaat sal word, in hulle harte die feit glo en aanvaar, dat die hemel en die hel regtig bestaan, dat God lewe en Jesus Christus ons enigste Saligmaker is. Verder, sal hulle probeer om nie die merk van die dier te ontvang nie. Na die Verrukking, sal hulle in hulleself verander word, die Woord van God lees soos in die Bybel opgeteken, vergader en die eredienste bywoon en probeer om volgens die Woord van God te lewe.

In die vroeë stadiums van die Groot Beproewing sal baie mense instaat wees, om godsdienstige lewens te lei en selfs om ander te evangeliseer, omdat daar egter geen georganiseerde vervolgings sal wees nie. Hulle sal nie die merk van die dier ontvang, omdat hulle alreeds weet dat hulle nie die saligheid met die merk kan ontvang, en hulle allerbeste probeer om lewens te lei wat die moeite werd is, selfs gedurende die Groot Beproewing, om die saligheid te verkry. Maar dit sal regtig vir hulle baie moeilik wees om hulle geloof te behou, omdat die Heilige Gees die wêreld verlaat het.

Baie van hulle sal 'n klomp trane stort, omdat hulle niemand sal hê om die eredienste lei en hulle kan help om hulle geloof te versterk nie. Hulle sal hulle geloof moet behou, sonder God se beskerming en krag. Hulle sal treur, omdat hulle spyt sal wees, dat hulle nie die verkondiging van God se Woord nagevolg het, alhoewel hulle aangeraai was om Jesus Christus aan te neem en getroue gelowige lewens te lei. Hulle sal hulle geloof onder alle soorte beproewinge en vervolgings in hierdie wêreld moet behou, waarin hulle dit moeilik sal vind om die ware Woord van God te vind.

Sommige van hulle sal hulleself diep in die afgeleë berge wegsteek, om nie die merk van die dier, '666,' te ontvang nie. Hulle sal wortels van plante en bome soek en diere doodmaak, vir voedsel, omdat hulle niks kan koop of verkoop om voedsel te verkry, sonder die merk van die dier nie. Maar gedurende die tweede helfte van die Groot Beproewing, vir drie en 'n half jaar, sal die weermag van die antichris die gelowiges streng en aandagtig vervolg. Dit sal nie saak maak in watter afgeleë berge hulle wegkruip, maar hulle sal gevind word en deur die weermag weggeneem word.

Die regering van die dier sal diegene wie nie die merk van die dier ontvang het, opraap en hulle dwing om die Here te verloën en om die merk te ontvang, na wrede martelings. Ten slotte sal baie van hulle oorgee en geen keuse hê, as om die merk te ontvang, as gevolg van die uiterste pyn en afgryslike marteling.

Die weermag sal hulle nakend aan die muur hang, en hulle liggame met 'n handboor deurboor. Hulle sal die hele liggaam se vel afstroop, van kop tot tone. Hulle kinders sal voor hulle oë gemartel word. Die martelings wat die weermag hulle sal toedien is buitensporig wreed, sodat dit vir hulle baie moeilik sal wees om 'n martelaarsdood te sterf.

Dit is waarom net 'n paar wie al die martelings oorkom het,

met sterk wilskrag en die beperkings oorskry van die menslike krag en 'n martelaarsdood sterf, kan die saligheid ontvang en die hemel bereik. Dus, sommige mense sal gered word, deur hulle geloof te behou, sonder om die Here te verloën en hulle lewens op te offer in martelaarskap, onder die beheer van die antichris gedurende die Groot Beproewing. Dit word "Insameling saligheid" genoem.

God het diep geheime wat Hy vir die insameling saligheid, vir God se uitverkore Israel voorberei het. Dit is Twee Getuies en die plek, Petra.

Die Verskyning en die Bediening van die Twee Getuies

Openbaring 11:3 sê, "Ek sal aan my twee getuies opdrag gee, en hulle sal, met rouklere aan, my boodskap twaalf honderd en sestig dae lank verkondig." Twee Getuies is die werklike mense wat God bestem het in Sy plan sedert voor die eeue, om Sy uitverkore Israel, te red. Hulle sal teenoor die Jode in Israel getuig, dat Jesus Christus is die enigste Messias, van wie in die Ou Testament voorspel was.

God het met my gepraat omtrent die Twee Getuies. Hy het verduidelik dat hulle nie so oud is, dat hulle in regverdigheid wandel, en opregte harte het. Hy het my laat weet, watter soort belydenis een van die Twee voor God gemaak het. Sy belydenis sê dat hy in Judaïsme geglo het, maar hy het gehoor dat baie mense in Jesus Christus as die Saligmaker glo, en omtrent Hom praat. So, hy bid tot God om hom te help om te onderskei wat korrek en waar is, deur te sê,

"O, God!

Wat is hierdie kwelling in my hart?
Ek glo dat al die dinge is waar
wat ek by my ouers gehoor en wat hulle gesê het
sedert ek jonk was,
maar wat is hierdie kwellinge en vrae in my hart?

Baie mense praat en spreek omtrent die Messias.

Maar as iemand my net kan wys
met gegronde redes en duidelike bewys
of dit korrek is om hulle te glo
of net te glo wat ek gehoor het sedert ek jonk was,
 sal ek verheug en dankbaar wees.

Maar ek kan niks sien,
en om na te volg wat daardie mense van praat,
moet ek al die dinge as betekenisloos en dwaas beskou
wat ek bewaar het sedert ek jonk was.
Wat is regtig korrek in U oë?

Vader God!
Indien U wil,
wys vir my 'n persoon
wie enigiets kan bewys en verstaan.
Laat hy na my kom en my leer

wat regtig juis en regte waarheid is.

Wanneer ek na die hemelruim opkyk,
het ek hierdie sorg in my hart,
en indien enigeen hierdie probleem kan oplos,
wys hom asseblief vir my.

Ek kan nie my hart mislei oor al die dinge wat ek geglo het,
en as ek oor al hierdie dinge peins,
 indien daar enigiemand is wie my kan leer en dit vir my kan wys,
 indien hy net vir my kon wys dat dit waar is,
 sou dit nie wees dat ek alles in die steek laat nie
 want ek het geleer en gesien.

Daarom, Vader God!
Wys dit vir my asseblief.

Gee vir my begrip vir al hierdie dinge.

Ek is besorg omtrent so baie dinge.
Ek glo dat al die dinge wat ek tot op hede gehoor het waar is.

Maar soos wat ek daaroor weer en weer peins,
het ek baie vrae, en my dors is nie geles nie;
waarom is dit so?

Daarom, as ek net al hierdie dinge kan sien
en van dit seker kan wees;

indien ek net seker kan wees dat dit nie verraad is
teen die weg wat ek tot nou toe geloop het;
indien ek net kon sien wat regtig die waarheid is;
indien ek net al hierdie dinge kan weet
waaraan ek gedink het,
dan sal ek instaat wees om vrede in my hart te kry."

Twee Getuies, wie Jode is, is ernstig opsoek na suiwer waarheid, en God sal hulle antwoord en vir hulle 'n man van God stuur. Deur die man van God sal hulle die voorsiening van God se menslike ontwikkeling besef, en Jesus Christus aanneem. Hulle sal op die aarde bly, gedurende die Sewe-jaar Groot Beproewing en die evangeliebediening van Israel se berou en saligheid behartig. Hulle sal spesiale krag van God ontvang, om van Jesus Christus teenoor Israel te getuig.

Hulle sal verder kom, ten volle geheilig in die oë van God, en hulle evangeliebediening vir 42 maande doen, soos in Openbaring 11:2 geskrywe is. Die rede waarom die Twee Getuies van Israel afkomstig is, is omdat die begin en einde van die evangelie Israel is. Die evangelie was deur die apostel Paulus versprei, en indien die evangelie weer vir Israel bereik, wat die beginpunt was, dan sal die werksaamhede van die evangelie voltooi wees.

Jesus het in Handelinge 1:8 gesê, "Maar julle sal krag ontvang wanneer die Heilige Gees oor julle kom, en julle sal my getuies wees in Jerusalem sowel as in die hele Judea en in Samaria en tot in die uithoeke van die wêreld." Die "uithoeke van die wêreld" verwys hier na Israel wat die finale bestemming van die Evangelie is.

Die Twee Getuies sal die boodskap van die kruis aan die Jode verkondig, en die weg na die saligheid met die lewendige krag van God verduidelik. En hulle sal verbasende wonderwerke en wonderbaarlike tekens uitvoer, om die boodskap te bevestig. Hulle sal die mag hê om die hemelruim te sluit, sodat dit nie reën gedurende die dae van hulle Woordverkondiging nie; en hulle het die mag oor die waters om in bloed te verander, en om die aarde met elke plaag te tref, so dikwels as wat hulle dit nodig mag ag.

Deur dit, sal baie Jode na die Here terugkeer, maar terselfdertyd sal sommige ander van hulle gewetes afgesny word en probeer om die Twee Getuies dood te maak. Nie slegs daardie Jode, maar ook baie ander sondige mense van ander lande, onder die beheer van die antichris sal die Twee Getuies verskriklik baie haat en probeer om hulle dood te maak.

Twee Getuies se Martelaarskap en Opstanding

Die mag wat die Twee Getuies het, is so groot dat niemand dit sal waag, om hulle te benadeel nie. Ten slotte sal die owerhede van die nasie daaraan deelneem, om hulle dood te maak. Maar die rede waarom die Twee Getuies sal sterf, is nie as gevolg van die owerhede van die nasie, maar omdat dit God se wil is, vir hulle om op die bestemde tyd gemartel te word. Die plek waar hulle gemartel sal word, is geen ander plek as die plek waar Jesus gekruisig is, en dit behels hulle opstanding.

Toe Jesus gekruisig was, het die Romeinse soldate Sy graf bewaak, sodat niemand Sy liggaam kon verwyder nie. Maar Sy liggaam was nie weer gesien, omdat Hy opgewek was. Die mense wie die Twee Getuies sal doodmaak, sal dit onthou en bekommerd wees dat iemand hulle liggame mag verwyder. Dus, sal hulle nie toelaat dat hulle liggame in 'n graf begrawe word, maar hulle dooie liggame in die straat neerlê, sodat al die mense van die wêreld na hulle dooie liggame kan kyk. Deur hierdie gesig, sal daardie sondige mense wie van hulle gewetes afgesy was, as gevolg van die evangelie wat die Twee Getuies verkondig het, grootliks juig oor hulle dood.

Die hele wêreld sal juig en feesvier, en die massa media sal die nuus oor hulle dood, vir drie en halwe dag deur middel van die satelliete versprei. Na drie en 'n halwe dag sal die opwekking van die Twee Getuies plaasvind. Hulle sal weer lewend gemaak word, opgewek word en in die hemel opgelig word, in 'n wolk van glorie, net soos wat Elia in warrelwinde in die hemel opgeneem was. Hierdie verbasende toneel sal regoor die wêreld uitgesaai word, terwyl ontelbare mense dit sal kan aanskou.

En in daardie uur sal daar 'n groot aardbewing wees en 'n tiende van die stad sal inmekaarstort, terwyl sewe duisend mense in die aardbewing sal sterf. Openbaring 11:3-13 beskryf dit volledig, soos volg:

Ek sal aan my twee getuies opdrag gee, en hulle sal, met rouklere aan, my boodskap twaalf honderd en sestig dae lank verkondig. Hulle is die twee olyfbome en ook die twee lampe wat voor die Here van die aarde staan. As iemand kwaad wil aandoen, kom daar vuur uit hulle monde uit en verteer hulle vyande. Só moet elkeen doodgemaak word wat hulle kwaad sal wil aandoen. Hulle het die mag om die hemel toe te sluit, sodat daar gedurende die hele tyd wanneer hulle God se boodskap verkondig, geen reën sal val nie. Hulle het ook die mag om al die water in bloed te verander en om die aarde met allerhande plae te tref so dikwels as hulle dit nodig vind. Wanneer hulle egter hulle getuienis klaar gelewer het, sal die dier wat uit die onderaardse diepte uit kom, teen hulle oorlog maak, hulle oorwin en hulle doodmaak. Hulle lyke sal in die hoofstraat van die groot stad lê waar hulle Here ook gekruisig is. Die stad word sinnebeeldig Sodom en Egipte genoem. Mense van al die volke, stamme, tale en nasies sal hulle lyke drie en 'n half dae lank daar sien lê en nie toelaat dat hulle begrawe word nie. Die bewoners van die aarde sal bly wees oor hulle dood en hulle daaroor verheug. Hulle sal vir mekaar geskenke stuur. Hierdie twee profete was immers vir die bewoners van die aarde tot 'n teistering. Na die drie en 'n half dae het daar egter asem en lewe van God af in hulle gekom. Hulle het opgestaan, en groot vrees het almal oorval wat hulle gesien het. Hulle hoor toe 'n harde stem uit die hemel vir hulle sê: "Kom op hierheen!" Toe het hulle in 'n wolk na die hemel toe opgevaar, en hulle vyande het dit gesien. Op daardie oomblik was daar 'n groot aardbewing, en 'n tiende van die stad het inmekaargestort. Sewe duisend mense het in die aardbewing omgekom, en die ander het bevrees geraak en aan die God van die hemel die eer gegee.

Ongeag hoe koppig hulle ookal mag wees, indien hulle die geringste goedheid in hulle harte het, sal hulle besef dat die groot aardbewing en die opstanding en die hemelvaart van die Twee Getuies die werke van God is, en glorie aan God gee. En hulle sal genoodsaak wees om die feit te erken, dat Jesus ongeveer 2,000 jaar gelede deur die krag van God opgewek was. Ongeag van al hierdie gebeurtenisse, sal sommige sondige mense nie aan God glorie gee nie.

Ek dring by julle almal aan, om die liefde van God te aanvaar. Tot op die laaste oomblik wens God om jou te red en wens, dat jy na die Twee Getuies sal luister. Die Twee Getuies sal met groot mag van God getuig, dat hulle van God afkomstig is. Hulle sal baie mense laat ontwaak, omtrent God se liefde en wil vir hulle. En hulle sal jou lei, om die laaste geleentheid tot saligheid aan te gryp.

Ek vra jou gretig, om nie naas die vyande te staan, wie tot die duiwel behoort, wie jou op die pad tot vernietiging sal lei, maar om na die Twee Getuies te luister en salighied te bereik.

Petra, 'n Toevlugsoord vir die Jode

Die ander geheim wat God vir Sy uitverkore Israel bestem het, is Petra, 'n toevlugsoord gedurende die Sewe-jaar Groot Beproewing. Jesaja 16:1-4 verduidelik omtrent hierdie plek wat Petra genoem word.

Stuur uit Sela in die woestyn na Sionsberg toe lammers vir die regeerder van die land, want soos voëltjies wat rondfladder nadat hulle uit die nes geskop is, so drom die mense van Moab by die Arnon se driwwe saam. Hulle sê vir Juda: "Gee vir ons raad, maak 'n plan, laat u skaduwee oor ons val, maak dit donker oor ons op hierdie snikhete dag, beskerm dié wat verjaag is, moenie die vlugtelinge uitlewer nie! Neem Moab se vlugtelinge in beskerming, wees vir ons 'n skuilplek teen dié wat vir ons wil vernietig!"

Die land van Moab dui op die land van die Jordaan, aan die oostelike kant van Israel. Petra is 'n argeologiese terrein in die suidwestelike Jordaan, wat lê op die hang van Horebberg in 'n kom, tussen die berge wat die oostelike kant van Arabië (Wadi Arabië) vorm, die groot vallei strek van die Dooie See tot by die Golf van Aqaba. Petra word gewoonlik met Sela vereenselwig, wat ook rots beteken, met die Bybelse verwysings in 2 Konings 14: 7 en Jesaja 16:1.

Na die Here se Wederkoms in die lug, sal Hy die geredde mense ontvang en die Sewe-jaar Bruiloffees geniet, daarna sal Hy na die aarde afkom en saam met hulle oor die wêreld gedurende die Millennium regeer. Vir die sewe jaar, vanaf die Here se Wederkoms in die lug vir die Verrukking totdat Hy na die aarde afkom, sal die Groot Beproewing die aarde bedek, en vir drie en 'n half jaar gedurende die tweede helfte van die Groot Beproewing—vir 1,260 dae, sal die mense van Israel hulleself wegsteek by die plek wat voorberei was, ooreenkomstig God se plan. Die skuilplek is Petra (Openbaring 12:6-14).

Waarom dan sal die Jode daardie skuilplek benodig?

Nadat God die mense van Israel uitverkies het, is Israel deur baie nie-Joodse rasse aangeval en vervolg. Die rede is dat die duiwel wat altyd vir God opponeer, probeer het om te verhinder dat Israel seëninge van God ontvang. Dieselfde sal gedurende die eindtyd van die wêreld gebeur.

Wanneer die Jode deur die Sewe-jaar Groot Beproewing besef, dat hulle Messias en Saligmaker Jesus is, wie ongeveer 2,000 jaar gelede na die aarde gekom het, en probeer om berou te hê, sal die duiwel hulle tot die einde vervolg, om sodoende die Jode te verhoed om hulle geloof te behou.

God, wie alles weet, het die skuilplek vir Sy uitverkore Israel voorberei, deur wie Hy Sy liefde vir hulle demonstreer en sal nie Sy omsigtige liefde vir hulle spaar nie. Ooreenkomstig hierdie liefde en God se plan, sal Israel Petra ingaan om van die vernietigers te ontsnap.

Net soos wat Jesus in Matteus 24:16 sê, "Dan moet dié wat in Judea is, die berge in vlug," sal die Jode instaat wees om van die Sewe-jaar Groot Beproewing te ontsnap, na die skuilplek in die berge en hulle geloof behou en daar die saligheid bereik.

Toe die doodsengel al die eersgeborenes in Egipte laat doodmaak het, het die Hebreërs mekaar vinnig in die geheim gekontak, en van dieselfde plaag ontsnap, deur bloed van 'n lam aan die twee deurkosyne asook aan die latei van hulle huise aan te bring.

Op dieselfde wyse sal die Jode mekaar vinnig kontak, omtrent waar om te gaan en na die skuilplek beweeg, voordat die regering of die antichris begin om hulle te arresteer. Hulle sal van Petra weet, omdat baie evangeliste oor die skuilplek getuig het, en selfs hulle wie nie geglo het, sal hulle mening verander en na die skuilplek soek.

Hierdie skuilplek sal nie instaat wees, om baie mense te akkommodeer nie. Inderwaarheid, baie mense wie deur die Twee Getuies bely het, sal nie daarin slaag om by Petra te skuil, maar sal hulle geloof gedurende die Groot Beproewing behou, en dan as martelaars sterf.

Die Liefde van God deur Twee Getuies en Petra

Liewe broers en susters, het jy die geleentheid van saligheid deur die Verrukking verbeur? Dan, moet jy nie huiwer om na Petra te gaan, jou laaste kans vir jou saligheid, gegee deur God se genade. Spoedig, sal afgryslike rampe vanaf die antichris te voorskyn kom. Jy moet jouself by Petra wegsteek, voordat die deur van die laaste genade gesluit word, deur middel van die antichris se onderbreking.

Wel, het jy daarin gefaal om die geleentheid te kry, om Petra te kon ingaan? Dan, die enigste manier om saligheid te bereik en die hemel te kan ingaan, is om nie die Here te verloën en die merk van die dier "666" te ontvang nie. Jy moet alle soorte verskriklike martelings oorkom en 'n martelaarsdood sterf. Dit is geensins maklik, maar jy sal dit moet doen om van die ewigdurende martelings in die meer van brandende vuur te ontsnap.

Ek wens dat jy nie sal wegdraai van die weg na saligheid, deur altyd die onfeilbare liefde van God te onthou en moedig alles sal oorkom. Terwyl jy worstel en veg teen alle soorte versoekings en vervolgings sal die antichris vir jou straf toedien, ons broers en susters van geloof, sal ernstig bid vir jou oorwinning.

Maar ons ware begeerte is dat jy Jesus Christus sal aanneem, voordat al hierdie dinge gebeur, sodat jy saam met ons opgelig word die hemel in en die Bruiloffees sal meemaak, wanneer ons Here weer kom. Ons bid onophoudelik met trane van liefde, dat God die geloofshandelinge van jou voorvaders en die ooreenkomste wat Hy met hulle aangegaan het, en vir jou die groot genade van saligheid weer gee.

In Sy groot liefde het God die Twee Getuies en Petra voorberei, sodat jy Jesus Christus as die Messias en Saligmaker kan aanneem en saligheid bereik. Tot die laaste oomblik in die geskiedenis van die mensdom spoor ek jou aan, om hierdie onfeilbare liefde van God te onthou en dat Hy nooit met jou sal opgee nie.

Voor die stuur van die Twee Getuies ter voorbereiding, van die opkomende Groot Beproewing, het die God van liefde 'n man van God gestuur, om jou te vertel wat by die eindtyd van die wêreld gaan gebeur en om jou op die pad na saligheid te lei. God wil nie hê, dat enigeen van julle in die middel van die Sewe-jaar Groot Beproewing moet bly nie. Selfs, indien jy op die aarde na die Verrukking moet bly, wil Hy hê dat jy die laaste band tot saligheid moet aangryp en daaraan vashou. Dit is God se groot liefde.

Dit sal nie lank wees, voordat die Sewe-jaar Groot Beproewing begin nie. In daardie grootste ongeëwenaarde beproewing, regdeur die hele menslike geskiedenis, sal ons God Sy liefdesplan vir jou Israel vervul. Die geskiedenis van die menslike ontwikkeling, tesame met die voltooiing van Israel se geskiedenis sal dan afgehandel word.

Veronderstel die Jode sou die ware wil van God verstaan, en Jesus dadelik as hulle Saligmaker aanneem. Dan, selfs indien die geskiedenis van Israel, soos in die Bybel opgeteken, reggestel en oorgeskryf moes word, sou God dit gewilliglik gedoen het. Dit is omdat God se liefde vir Israel ondenkbaar is.

Maar baie Jode het en sal hulle eie weë gaan, totdat die kritieke oomblik aanbreek. God die Almagtige, wie alles weet wat in die toekoms gaan gebeur, het die laaste geleentheid vir jou saligheid bestem, en lei jou met Sy onfeilbare liefde.

Ek gaan vir julle die profeet Elia stuur voordat die dag van die Here kom, die groot, die verskriklike dag. Elia sal vaders en kinders met mekaar versoen sodat Ek nie hoef te kom en die land heeltemal vernietig nie (Maleagi 4:5-6).

Ek gee alle dank en glorie aan God, wie nie alleenlik vir Israel, Sy uitverkorenes, maar ook al die mense van die nasies met Sy eindelose liefde, op die pad na saligheid lei.

Die Outeur:
Dr. Jaerock Lee

Dr. Jaerock Lee is in 1943 in Muan, Jeonnam Provinsie, Republiek van Korea gebore. Gedurende sy twintigerjare het Dr. Lee vir sewe jaar aan 'n verskeidenheid ongeneeslike siektetoestande gely, en op die dood gewag, met geen hoop op herstel nie. Nogtans, eendag gedurende die lente van 1974 het sy suster hom saam kerk toe geneem. Terwyl hy gekniel het om te bid, het die lewende God hom onmiddellik van al sy siektes genees.

Vanaf die oomblik wat hy die lewende God ontmoet het, deur die wonderlike ervaring, het Dr. Lee vir God met sy hele hart opreg liefgehad, en in 1978 was hy as 'n dienskneg van God geroep. Hy het vuriglik gebid met ontelbare vastingsgebede sodat hy duidelik die wil van God kon verstaan, en dit volledig ten uitvoer kon bring, en die Woord van God gehoorsaam. In 1982 het hy die Manmin Sentrale Kerk in Seoul, Korea gestig, waar ontelbare wonderwerke van God, insluitende wonderbaarlike genesings, tekens en wonderwerke al plaasgevind het. Sedertdien gaan dit by sy kerk nog steeds voort.

In 1986 was Dr. Lee as 'n pastoor by die jaarlikse vergadering van die Jesus Sungkyul Kerk van Korea georden, en vier jaar later in 1990, was daar begin om sy preke na Australië, Rusland en die Filippyne uit te saai. Binne 'n baie kort tydperk was meer lande deur middel van die 'Far East Broadcasting Company, the Asia Broadcast Station, and the Washington Christian Radio System' bereik.

Drie jaar later in 1993, was Manmin Sentrale Kerk aangewys as een van die "World's Top 50 Churches" deur die Christelike Wêreld tydskrif (VS) en hy ontvang 'n Ere Doktorsgraad van die Christelike Geloofs Kollege, Florida, VSA, en in 1996 ontvang hy sy Ph. D. in Teologie van Kingsway Teologiese Kweekskool, Iowa, VSA.

Sedert 1993 het Dr. Lee wêreld evangelisasiewerk uitgebou deur baie oorsese kruistogte in Tanzanië, Argentinë, Los Angeles, Baltimore Stad, Hawaii, en New York Stad van die VSA, Uganda, Japan, Pakistan, Kenia, die Filippyne, Honduras, Indië, Rusland, Duitsland, Peru, Demokratiese Republiek van die Kongo, Israel en Estonia aan te bied.

In 2002 was hy as 'n "worldwide revivalist" vir sy kragtige evangeliebediening in verskeie oorsese kruistogte, deur die groot Christelike nuusblad in Korea, erken. In besonder was sy 'New York Crusade 2006' gehou in Madison Square Garden, die wêreld se beroemdste optree arena. Die optrede was na 220 nasies uitgesaai, en in sy 'Israel United Crusade 2009', gehou by die Internasionale Byeenkoms Sentrum in Jerusalem, het hy dapper aangekondig dat Jesus Christus waarlik die Messias en Redder is.

Sy preke word na 176 nasies per satelliet insluitende GCN TV uitgesaai. Hy was ook as een van die 'Top 10 Most Influential Christian Leaders' van 2009 gelys. In 2010 ook by die populêre Russiese Christelike tydskrif, In Victory, en die nuusagentskap Christelike Telegraaf, vir sy kragtige evangeliebediening tydens televisie-uitsendings, en oorsese kerklike pastoraatwerk.

Sedert Junie 2017 is Manmin Sentrale Kerk 'n gemeente met meer as 120,000 lidmate. Daar is wêreldwyd meer as 11,000 kerktakke insluitende 56 plaaslike kerktakke, en meer as 123 sendelinge is na 23 verskillende lande gesekondeer, insluitende die Verenigde State, Rusland, Duitsland, Kanada, Japan, China, Frankryk, Indië, Kenia en baie meer tot dusver.

Tot op datum van hierdie publikasie, het Dr. Lee reeds 108 boeke, waaronder topverkopers soos,' Tasting Eternal Life before Death, My Life My Faith I & II, The Message of the Cross, The Measure of Faith, Heaven I & II, Hell, Awaken, Israel!, en The Power of God' geskryf. Sy werke is in meer as 76 verskillende tale vertaal.

Sy Christelike Kolomme verskyn in 'The Hankook Ilbo, The JoongAng Daily, The Chosun Ilbo, The Dong-A Ilbo, The Munhwa Ilbo, The Seoul Shinmun, The Kyunghyang Shinmun, The Korea Economic Daily, The Korea Herald, The Shisa News, en The Christian Press'.

Dr. Lee is tans 'n leiersfiguur by baie sendingorganisasies en verenigings. Posisies sluit in: 'Chairman, The United Holiness Church of Jesus Christ; President, Manmin World Mission; Permanent President, The World Christianity Revival Mission Association; Founder & Board Chairman, Global Christian Network (GCN); Founder & Board Chairman, World Christian Doctors Network (WCDN); and Founder & Board Chairman, Manmin International Seminary (MIS).'

www.ingramcontent.com/pod-product-compliance
Lightning Source LLC
LaVergne TN
LVHW021818060526
838201LV00058B/3437